Mediterrane Küche 2023

Authentisch, gesund und einfach zuzubereiten

Elena Rossi

Inhaltsverzeichnis

Marokkanische Tajine mit Gemüse 9
Kichererbsensalat Wraps mit Sellerie 11
Gegrillte Gemüsespieße 12
Gefüllte Portobello-Pilze mit Tomaten 14
Verwelktes Löwenzahngrün mit süßen Zwiebeln 16
Sellerie und Senfgrün 17
Rührei mit Gemüse und Tofu 18
Einfache Zoodles 20
Linsen- und Tomaten-Kragen-Wraps 21
Mediterranes Gemüsegericht 23
Wrap mit gegrilltem Gemüse und Hummus 25
Spanische grüne Bohnen 27
Rustikales Blumenkohl- und Karottenhasch 28
Gebratener Blumenkohl und Tomaten 29
Gerösteter Eichelkürbis 31
Sautierter Knoblauchspinat 33
Mit Knoblauch sautierte Zucchini mit Minze 34
Geschmorte Okra 35
Mit süßem Gemüse gefüllte Paprika 36
Moussaka-Auberginen 38
Mit Gemüse gefüllte Weinblätter 40
Gegrillte Auberginenbrötchen 42
Knusprige Zucchini-Krapfen 44
Käsespinatkuchen 46

Gurkensandwichstücke 48

Joghurt-Dip 49

Tomaten-Bruschetta 50

Mit Oliven und Käse gefüllte Tomaten 52

Pfeffer-Tapenade 53

Koriander Falafel 54

Hummus mit Paprika 56

Weiße Bohnen-Dip 57

Hummus mit gemahlenem Lamm 59

Auberginen-Dip 60

Veggie-Krapfen 61

Bulgur-Lammfleischbällchen 63

Gurke beißt 65

Gefüllte Avocado 66

Eingewickelte Pflaumen 67

Marinierter Feta-Käse und Artischocken 68

Thunfischkroketten 69

Räucherlachs Crudités 71

Mit Zitrusfrüchten marinierte Oliven 73

Oliventapenade mit Sardellen 74

Griechische Teufelseier 76

Manchego-Kekse 78

Burrata Caprese-Stapel 80

Zucchini-Ricotta-Krapfen mit Zitronen-Knoblauch-Aioli 81

Mit Lachs gefüllte Gurken 84

Ziegenkäse – Makrelenpastete 85

Probieren Sie die fetten Bomben des Mittelmeers 87

Avocado-Gazpacho 88

Krabbenkuchen-Salatbecher 90

Wrap mit Orangen-Drachen-Hähnchensalat 92

Mit Feta und Quinoa gefüllte Pilze 94

Falafel aus fünf Zutaten mit Knoblauch-Joghurt-Sauce 96

Zitronengarnelen mit Knoblauch-Olivenöl 98

Knusprige Pommes aus grünen Bohnen mit Zitronen-Joghurt-Sauce 100

Hausgemachte Meersalz-Pita-Chips 102

Gebackener Spanakopita-Dip 103

Gerösteter Perlzwiebel-Dip 105

Rote Paprika-Tapenade 107

Griechische Kartoffelschalen mit Oliven und Feta-Käse 109

Fladenbrot mit Artischocken und Oliven 111

Mini Krabbenküchlein 113

Zucchini-Feta-Roulade 115

Quinoa-Pizza-Muffins 117

Rosmarin-Walnuss-Laibbrot 119

Leckere Crabby-Panini 122

Perfekte Pizza und Gebäck 124

Mediterranes Modell Margherita 127

Tragbare verpackte Picknickteile 129

Frittata gefüllt mit pikanten Zucchini-Tomaten-Toppings 130

Bananen-Sauerrahm-Brot 132

Hausgemachtes Fladenbrot 134

Dünne Brotsandwiches 136

Mezze-Teller mit geröstetem Zaatar-Pita-Brot 138

Mini-Huhn-Shawarma 140

Auberginen-Pizza	142
Mediterrane Vollkornpizza	144
Spinat-Feta-Pita-Auflauf	145
Wassermelonen-Feta & Balsamico-Pizza	147
Burger mit gemischten Gewürzen	148
Prosciutto - Kopfsalat - Tomate-Avocado-Sandwiches	150
Spinatauflauf	152
Fetter Hühnerburger	154
Schweinebraten für Tacos	156
Italienischer Apfel - Olivenölkuchen	158
Schneller Tilapia mit roten Zwiebeln und Avocado	161
Gegrillter Fisch auf Zitronen	163
Unter der Woche Tin Pan Fish Dinner	165
Knusprige Polenta-Fischstäbchen	167
Abendessen in der Lachspfanne	169
Toskanische Thunfisch- und Zucchini-Burger	171
Sizilianisches Grünkohl- und Thunfischgericht	173
Mediterraner Kabeljau-Eintopf	175
Gedämpfte Muscheln in Weißweinsauce	177
Orangen- und Knoblauchgarnelen	179
Geröstete Garnelen-Gnocchi backen	181
Würzige Shrimp Puttanesca	183
Italienische Thunfisch-Sandwiches	185
Dill-Lachs-Salat-Wraps	187
Weiße Muschel Pizza Pie	189
Gebackenes Bohnen-Fischmehl	191
Kabeljau-Eintopf mit Pilzen	192

Gewürzter Schwertfisch	194
Anchovy Pasta Mania	196
Garnelen-Knoblauch-Paste	197
Essig-Honig-Lachs	199
Orangefarbenes Fischmehl	200
Garnelen-Zoodles	201
Spargel-Forellen-Mahlzeit	202
Grünkohl-Oliven-Thunfisch	204
Scharfe Rosmaringarnelen	206
Spargel Lachs	208
Thunfisch-Nuss-Salat	209
Cremige Garnelensuppe	211
Gewürzter Lachs mit Gemüse-Quinoa	213
Senfdressing mit Äpfeln	216

Marokkanische Tajine mit Gemüse

Zubereitungszeit: 20 Minuten

Kochzeit: 40 Minuten

Portionen: 2

Schwierigkeit: Mittel

Zutaten:

- 2 Esslöffel Olivenöl
- ½ Zwiebel, gewürfelt
- 1 Knoblauchzehe, fein gehackt
- 2 dl Blumenkohlröschen
- 1 mittelgroße Karotte, in 1-Zoll-Stücke geschnitten
- 1 Tasse gewürfelte Auberginen
- 1 Dose ganze Tomaten mit Saft
- 1 (15 Unzen / 425 g) Dose Kichererbsen
- 2 kleine rote Kartoffeln
- 1 Tasse Wasser
- 1 TL reiner Ahornsirup
- ½ TL Zimt
- ½ TL Kurkuma
- 1 TL Kümmel
- ½ TL Salz
- 1 bis 2 Teelöffel Harissa-Paste

Richtungen:

Das Olivenöl bei mittlerer Hitze in einem Dutch Oven erhitzen. Braten Sie die Zwiebel 5 Minuten lang unter gelegentlichem Rühren an oder bis die Zwiebel durchscheinend ist.

Knoblauch, Blumenkohlröschen, Karotte, Aubergine, Tomaten und Kartoffeln unterrühren. Die Tomaten mit einem Holzlöffel in kleinere Stücke zerdrücken.

Kichererbsen, Wasser, Ahornsirup, Zimt, Kurkuma, Kreuzkümmel und Salz hinzufügen und umrühren. Lassen Sie es kochen

Wenn Sie fertig sind, reduzieren Sie die Hitze auf mittel-niedrig. Die Harissa-Paste einrühren, abdecken und etwa 40 Minuten köcheln lassen, oder bis das Gemüse weich geworden ist. Abschmecken und nach Bedarf würzen. Vor dem Servieren ruhen lassen.

Ernährung (für 100g): 293 Kalorien 9,9 g Fett 12,1 g Kohlenhydrate 11,2 g Protein 811 mg Natrium

Kichererbsensalat Wraps mit Sellerie

Zubereitungszeit: 10 Minuten

Kochzeit: 0 Minuten

Portionen: 4

Schwierigkeit: Einfach

Zutaten:

- 1 (15 Unzen / 425 g) Dose Kichererbsen mit niedrigem Natriumgehalt
- 1 Stange Sellerie, in dünne Scheiben geschnitten
- 2 Esslöffel fein gehackte rote Zwiebel
- 2 Esslöffel ungesalzene Tahini
- 3 Esslöffel Honig-Senf
- 1 Esslöffel Kapern, undrainiert
- 12 Buttersalatblätter

Richtungen:

Die Kichererbsen in einer Schüssel mit einem Kartoffelstampfer oder dem Rücken einer Gabel zerdrücken, bis sie fast glatt sind. Sellerie, rote Zwiebel, Tahini, Honigsenf und Kapern in die Schüssel geben und umrühren, bis alles gut eingearbeitet ist.

Für jede Portion drei überlappende Salatblätter auf einen Teller legen und mit ¼ der pürierten Kichererbsenfüllung belegen, dann aufrollen. Mit der restlichen Salat-Kichererbsen-Mischung wiederholen.

Ernährung (für 100g): 182 Kalorien 7,1 g Fett 3 g Kohlenhydrate 10,3 g Protein 743 mg Natrium

Gegrillte Gemüsespieße

Zubereitungszeit: 15 Minuten

Kochzeit: 10 Minuten

Portionen: 4

Schwierigkeit: Einfach

Zutaten:

- 4 mittelgroße rote Zwiebeln, geschält und in 6 Spalten geschnitten
- 4 mittelgroße Zucchini, in 1 cm dicke Scheiben schneiden
- 2 Steaktomaten, geviertelt
- 4 rote Paprika
- 2 orange Paprika
- 2 gelbe Paprika
- 2 Esslöffel plus 1 Teelöffel Olivenöl

Richtungen:

Den Grill auf mittlere Hitze vorheizen. Spieße das Gemüse abwechselnd mit roten Zwiebeln, Zucchini, Tomaten und den verschiedenfarbigen Paprikaschoten auf. Bestreiche sie mit 2 EL Olivenöl.

Die Grillroste mit 1 Teelöffel Olivenöl einölen und die Gemüsespieße 5 Minuten grillen. Drehen Sie die Spieße um und grillen Sie weitere 5 Minuten oder bis sie nach Ihren Wünschen gegart sind. Lassen Sie die Spieße vor dem Servieren 5 Minuten abkühlen.

Ernährung (für 100g): 115 Kalorien 3 g Fett 4,7 g Kohlenhydrate 3,5 g Protein 647 mg Natrium

Gefüllte Portobello-Pilze mit Tomaten

Zubereitungszeit: 10 Minuten

Kochzeit: 15 Minuten

Portionen: 4

Schwierigkeit: Mittel

Zutaten:

- 4 große Portobello-Pilzkappen
- 3 Esslöffel natives Olivenöl extra
- Salz und schwarzer Pfeffer nach Geschmack
- 4 sonnengetrocknete Tomaten
- 1 dl geriebener Mozzarella-Käse, geteilt
- ½ bis ¾ Tasse natriumarme Tomatensauce

Richtungen:

Grill auf hoher Stufe vorheizen. Die Pilzköpfe auf einen Teller legen und mit Olivenöl beträufeln. Mit Salz und Pfeffer bestreuen. 1o Minuten braten, dabei die Champignonkappen halb durchdrehen, bis sie oben gebräunt sind.

Vom Braten nehmen. 1 Tomate, 2 Esslöffel Käse und 2 bis 3 Esslöffel Sauce auf jeden Pilzkopf geben. Die Champignonkappen zurück in den Grill geben und weitere 2 bis 3 Minuten grillen. Vor dem Servieren 5 Minuten abkühlen lassen.

Ernährung (für 100g): 217 Kalorien 15,8 g Fett 9 g Kohlenhydrate 11,2 g Protein 793 mg Natrium

Verwelktes Löwenzahngrün mit süßen Zwiebeln

Zubereitungszeit: 15 Minuten
Kochzeit: 15 Minuten
Portionen: 4
Schwierigkeit: Einfach

Zutaten:

- 1 Esslöffel natives Olivenöl extra
- 2 Knoblauchzehen, gehackt
- 1 Vidalia-Zwiebel, in dünne Scheiben geschnitten
- ½ dl Gemüsebrühe mit niedrigem Natriumgehalt
- 2 Bund Löwenzahngrün, grob gehackt
- Frisch gemahlener schwarzer Pfeffer nach Geschmack

Richtungen:

Das Olivenöl in einer großen Bratpfanne bei schwacher Hitze erhitzen. Fügen Sie den Knoblauch und die Zwiebel hinzu und kochen Sie sie 2 bis 3 Minuten lang unter gelegentlichem Rühren oder bis die Zwiebel durchscheinend ist.

Gemüsebrühe und Löwenzahngrün unterheben und unter häufigem Rühren 5 bis 7 Minuten kochen, bis sie zusammengefallen sind. Mit schwarzem Pfeffer bestreuen und heiß auf einer Platte servieren.

Ernährung (für 100g): 81 Kalorien 3,9 g Fett 4 g Kohlenhydrate 3,2 g Protein 693 mg Natrium

Sellerie und Senfgrün

Zubereitungszeit: 10 Minuten
Kochzeit: 15 Minuten
Portionen: 4
Schwierigkeit: Mittel

Zutaten:

- ½ dl Gemüsebrühe mit niedrigem Natriumgehalt
- 1 Stange Sellerie, grob gehackt
- ½ süße Zwiebel, gehackt
- ½ große rote Paprika, in dünne Scheiben geschnitten
- 2 Knoblauchzehen, gehackt
- 1 Bund Senfbrei, grob gehackt

Richtungen:

Die Gemüsebrühe in eine große gusseiserne Pfanne gießen und bei mittlerer Hitze zum Köcheln bringen. Sellerie, Zwiebel, Paprika und Knoblauch unterrühren. Offen etwa 3 bis 5 Minuten garen.

Das Senfgrün in die Pfanne geben und gut umrühren. Hitze reduzieren und kochen, bis die Flüssigkeit verdampft und das Gemüse zusammengefallen ist. Vom Herd nehmen und warm servieren.

Ernährung (für 100g): 39 Kalorien 3,1 g Protein 6,8 g Kohlenhydrate 3 g Protein 736 mg Natrium

Rührei mit Gemüse und Tofu

Zubereitungszeit: 5 Minuten

Kochzeit: 10 Minuten

Portionen: 2

Schwierigkeit: Einfach

Zutaten:

- 2 Esslöffel natives Olivenöl extra
- ½ rote Zwiebel, fein gehackt
- 1 dl gehackter Grünkohl
- 227 g Champignons, in Scheiben geschnitten
- 227 g Tofu, in Stücke geschnitten
- 2 Knoblauchzehen, gehackt
- Rote Paprikaflocken pürieren
- ½ TL Meersalz
- 1/8 Teelöffel frisch gemahlener schwarzer Pfeffer

Richtungen:

Das Olivenöl in einer mittelgroßen beschichteten Pfanne bei mittlerer Hitze erhitzen, bis es schimmert. Zwiebel, Grünkohl und Champignons in die Pfanne geben. Unter gelegentlichem Rühren kochen, oder bis das Gemüse Farbe annimmt.

Fügen Sie den Tofu hinzu und braten Sie ihn 3 bis 4 Minuten lang an, bis er weich ist. Knoblauch, Paprikaflocken, Salz und schwarzen Pfeffer einrühren und 30 Sekunden kochen lassen. Vor dem Servieren ruhen lassen.

Ernährung (für 100g): 233 Kalorien 15,9 g Fett 2 g Kohlenhydrate 13,4 g Protein 733 mg Natrium

Einfache Zoodles

Zubereitungszeit: 10 Minuten

Kochzeit: 5 Minuten

Portionen: 2

Schwierigkeit: Einfach

Zutaten:

- 2 EL Avocadoöl
- 2 mittelgroße Zucchini, spiralisiert
- ¼ Teelöffel Salz
- Frisch gemahlener schwarzer Pfeffer nach Geschmack

Richtungen:

Das Avocadoöl in einer großen Bratpfanne bei mittlerer Hitze erhitzen, bis es schimmert. Die Zucchini-Nudeln, Salz und schwarzen Pfeffer in die Pfanne geben und umrühren. Kochen und ständig rühren, bis sie weich sind. Heiß servieren.

Ernährung (für 100g): 128 Kalorien 14 g Fett 0,3 g Kohlenhydrate 0,3 g Protein 811 mg Natrium

Linsen- und Tomaten-Kragen-Wraps

Zubereitungszeit: 15 Minuten

Kochzeit: 0 Minuten

Portionen: 4

Schwierigkeit: Einfach

Zutaten:

- 2 dl gekochte Linsen
- 5 Roma-Tomaten, gewürfelt
- ½ Tasse zerbröckelter Feta-Käse
- 10 große frische Basilikumblätter, in dünne Scheiben geschnitten
- ¼ Tasse natives Olivenöl extra
- 1 Esslöffel Balsamico-Essig
- 2 Knoblauchzehen, gehackt
- ½ Teelöffel roher Honig
- ½ TL Salz
- ¼ Teelöffel frisch gemahlener schwarzer Pfeffer
- 4 große Kohlblätter, Stiele entfernt

Richtungen:

Linsen, Tomaten, Käse, Basilikumblätter, Olivenöl, Essig, Knoblauch, Honig, Salz und schwarzen Pfeffer mischen und gut umrühren.

Legen Sie die Kohlblätter auf eine ebene Arbeitsfläche. Löffle gleiche Mengen der Linsenmischung auf die Ränder der Blätter. Zum Servieren aufrollen und halbieren.

Ernährung (für 100g): 318 Kalorien 17,6 g Fett 27,5 g Kohlenhydrate 13,2 g Protein 800 mg Natrium

Mediterranes Gemüsegericht

Zubereitungszeit: 10 Minuten

Kochzeit: 20 Minuten

Portionen: 4

Schwierigkeit: Mittel

Zutaten:

- 2 Tassen Wasser
- 1 Tasse entweder Bulgurweizen Nr. 3 oder Quinoa, gespült
- 1½ TL Salz, geteilt
- 1 Pint (2 Tassen) Kirschtomaten, halbiert
- 1 große Paprika, gehackt
- 1 große Gurke, gehackt
- 1 Tasse Kalamata-Oliven
- ½ dl frisch gepresster Zitronensaft
- 1 Tasse natives Olivenöl extra
- ½ TL frisch gemahlener schwarzer Pfeffer

Richtungen:

Das Wasser in einem mittelgroßen Topf bei mittlerer Hitze zum Kochen bringen. Bulgur (oder Quinoa) und 1 Teelöffel Salz hinzugeben. Abdecken und 15 bis 20 Minuten garen.

Um das Gemüse in Ihren 4 Schüsseln anzuordnen, teilen Sie jede Schüssel visuell in 5 Abschnitte. Legen Sie den gekochten Bulgur in einen Abschnitt. Folgen Sie mit Tomaten, Paprika, Gurken und Oliven.

Zitronensaft, Olivenöl, restlichen ½ Teelöffel Salz und schwarzen Pfeffer verquirlen.

Das Dressing gleichmäßig auf die 4 Schalen verteilen. Sofort servieren oder abdecken und bis später kühl stellen.

Ernährung (für 100g): 772 Kalorien 9 g Fett 6 g Protein 41 g Kohlenhydrate 944 mg Natrium

Wrap mit gegrilltem Gemüse und Hummus

Zubereitungszeit: 15 Minuten
Kochzeit: 10 Minuten
Portionen: 6
Schwierigkeit: Mittel

Zutaten:

- 1 große Aubergine
- 1 große Zwiebel
- ½ Tasse natives Olivenöl extra
- 1 TL Salz
- 6 Lavash-Wraps oder großes Fladenbrot
- 1 Tasse cremiger traditioneller Hummus

Richtungen:

Heizen Sie einen Grill, eine große Grillpfanne oder eine leicht geölte große Pfanne bei mittlerer Hitze vor. Aubergine und Zwiebel in Kreise schneiden. Das Gemüse mit Olivenöl bepinseln und mit Salz bestreuen.

Kochen Sie das Gemüse auf beiden Seiten, etwa 3 bis 4 Minuten auf jeder Seite. Für den Wrap Lavash oder Fladenbrot flach auslegen. Geben Sie etwa 2 Esslöffel Hummus auf den Wrap.

Das Gemüse gleichmäßig auf die Wraps verteilen und auf einer Seite des Wraps schichten. Die Seite des Wraps mit dem Gemüse vorsichtig umschlagen, einschlagen und einen festen Wrap machen.

Die Wickelnaht nach unten legen und halbieren oder dritteln.

Du kannst jedes Sandwich auch in Plastikfolie einwickeln, damit es seine Form behält und später gegessen werden kann.

Ernährung (für 100g): 362 Kalorien 10 g Fett 28 g Kohlenhydrate 15 g Protein 736 mg Natrium

Spanische grüne Bohnen

Zubereitungszeit: 10 Minuten

Kochzeit: 20 Minuten

Portionen: 4

Schwierigkeit: Einfach

Zutaten:

- ¼ Tasse natives Olivenöl extra
- 1 große Zwiebel, gehackt
- 4 Knoblauchzehen, fein gehackt
- 1 Pfund grüne Bohnen, frisch oder gefroren, getrimmt
- 1½ TL Salz, geteilt
- 1 (15 Unzen) Dose gewürfelte Tomaten
- ½ TL frisch gemahlener schwarzer Pfeffer

Richtungen:

Olivenöl, Zwiebel und Knoblauch erhitzen; 1 Minute kochen. Schneiden Sie die grünen Bohnen in 2-Zoll-Stücke. Die grünen Bohnen und 1 Teelöffel Salz in den Topf geben und alles miteinander vermischen; 3 Minuten kochen. Die gewürfelten Tomaten, den restlichen ½ Teelöffel Salz und den schwarzen Pfeffer in den Topf geben; weiter kochen für weitere 12 Minuten, gelegentlich umrühren. Heiß servieren.

Ernährung (für 100g): 200 Kalorien 12 g Fett 18 g Kohlenhydrate 4 g Protein 639 mg Natrium

Rustikales Blumenkohl- und Karottenhasch

Zubereitungszeit: 10 Minuten
Kochzeit: 10 Minuten
Portionen: 4
Schwierigkeit: Einfach

Zutaten:

- 3 Esslöffel natives Olivenöl extra
- 1 große Zwiebel, gehackt
- 1 Esslöffel Knoblauch, gehackt
- 2 dl Karotten, gewürfelt
- 4 dl Blumenkohlstücke, gewaschen
- 1 TL Salz
- ½ TL gemahlener Kreuzkümmel

Richtungen:

Olivenöl, Zwiebel, Knoblauch und Karotten 3 Minuten anbraten. Schneiden Sie den Blumenkohl in 1-Zoll- oder mundgerechte Stücke. Blumenkohl, Salz und Kreuzkümmel in die Pfanne geben und mit den Karotten und Zwiebeln vermischen.

Abdecken und 3 Minuten garen. Das Gemüse zugeben und weitere 3 bis 4 Minuten garen. Heiß servieren.

Ernährung (für 100g): 159 Kalorien 17 g Fett 15 g Kohlenhydrate 3 g Protein 569 mg Natrium

Gebratener Blumenkohl und Tomaten

Zubereitungszeit: 5 Minuten

Kochzeit: 25 Minuten

Portionen: 4

Schwierigkeit: Mittel

Zutaten:

- 4 Tassen Blumenkohl, in 1-Zoll-Stücke geschnitten
- 6 Esslöffel natives Olivenöl extra, geteilt
- 1 TL Salz, geteilt
- 4 dl Kirschtomaten
- ½ TL frisch gemahlener schwarzer Pfeffer
- ½ Tasse geriebener Parmesankäse

Richtungen:

Ofen auf 425 ° F vorheizen. Den Blumenkohl, 3 Esslöffel Olivenöl und ½ Teelöffel Salz in eine große Schüssel geben und gleichmäßig verteilen. In einer gleichmäßigen Schicht auf ein Backblech legen.

In einer anderen großen Schüssel die Tomaten, die restlichen 3 Esslöffel Olivenöl und ½ Teelöffel Salz hinzugeben und gleichmäßig verteilen. Auf ein weiteres Backpapier geben. Legen Sie das Blumenkohlblatt und das Tomatenblatt in den Ofen, um sie 17 bis 20 Minuten lang zu rösten, bis der Blumenkohl leicht gebräunt und die Tomaten prall sind.

Gießen Sie den Blumenkohl mit einem Pfannenwender in eine Servierschüssel und garnieren Sie ihn mit Tomaten, schwarzem Pfeffer und Parmesankäse. Heiß servieren.

Ernährung (für 100g): 294 Kalorien 14 g Fett 13 g Kohlenhydrate 9 g Protein 493 mg Natrium

Gerösteter Eichelkürbis

Zubereitungszeit: 10 Minuten

Kochzeit: 35 Minuten

Portionen: 6

Schwierigkeit: Mittel

Zutaten:

- 2 Eichelkürbis, mittel bis groß
- 2 Esslöffel natives Olivenöl extra
- 1 Teelöffel Salz, plus mehr zum Würzen
- 5 Esslöffel ungesalzene Butter
- ¼ Tasse gehackte Salbeiblätter
- 2 EL frische Thymianblätter
- ½ TL frisch gemahlener schwarzer Pfeffer

Richtungen:

Ofen auf 400°F vorheizen. Den Eichelkürbis längs halbieren. Die Kerne auskratzen und waagerecht in ¾ Zoll dicke Scheiben schneiden. In einer großen Schüssel den Kürbis mit Olivenöl mischen, mit Salz bestreuen und zum Überziehen schwenken.

Legen Sie den Eichelkürbis flach auf ein Backblech. Legen Sie das Backblech in den Ofen und backen Sie den Kürbis 20 Minuten lang. Den Kürbis mit einem Pfannenwender wenden und weitere 15 Minuten backen.

Die Butter in einem mittelgroßen Topf bei mittlerer Hitze erweichen. Salbei und Thymian in die geschmolzene Butter geben und 30 Sekunden kochen lassen. Übertragen Sie die gekochten Kürbisscheiben auf einen Teller. Die Butter-Kräuter-Mischung über den Kürbis geben. Mit Salz und schwarzem Pfeffer würzen. Heiß servieren.

Ernährung (für 100g): 188 Kalorien 13 g Fett 16 g Kohlenhydrate 1 g Protein 836 mg Natrium

Sautierter Knoblauchspinat

Zubereitungszeit: 5 Minuten

Kochzeit: 10 Minuten

Portionen: 4

Schwierigkeit: Einfach

Zutaten:

- ¼ Tasse natives Olivenöl extra
- 1 große Zwiebel, in dünne Scheiben geschnitten
- 3 Knoblauchzehen, gehackt
- 6 (1-Pfund) Beutel Babyspinat, gewaschen
- ½ TL Salz
- 1 Zitrone, in Spalten geschnitten

Richtungen:

Olivenöl, Zwiebel und Knoblauch in einer großen Pfanne 2 Minuten bei mittlerer Hitze anbraten. Fügen Sie eine Tüte Spinat und ½ Teelöffel Salz hinzu. Die Pfanne abdecken und den Spinat 30 Sekunden zusammenfallen lassen. Wiederholen (das Salz weglassen) und jeweils 1 Tüte Spinat hinzufügen.

Sobald der gesamte Spinat hinzugefügt wurde, den Deckel entfernen und 3 Minuten kochen lassen, damit ein Teil der Feuchtigkeit verdunsten kann. Heiß servieren und mit Zitronenschale bestreuen.

Ernährung (für 100g): 301 Kalorien 12 g Fett 29 g Kohlenhydrate 17 g Protein 639 mg Natrium

Mit Knoblauch sautierte Zucchini mit Minze

Zubereitungszeit: 5 Minuten
Kochzeit: 10 Minuten
Portionen: 4
Schwierigkeit: Einfach

Zutaten:

- 3 große grüne Zucchini
- 3 Esslöffel natives Olivenöl extra
- 1 große Zwiebel, gehackt
- 3 Knoblauchzehen, gehackt
- 1 TL Salz
- 1 Teelöffel getrocknete Minze

Richtungen:

Schneiden Sie die Zucchini in ½-Zoll-Würfel. Olivenöl, Zwiebel und Knoblauch 3 Minuten unter ständigem Rühren anbraten.

Zucchini und Salz in die Pfanne geben und mit Zwiebel und Knoblauch mischen, 5 Minuten anbraten. Minze in die Bratpfanne geben, mischen. Weitere 2 Minuten kochen. Heiß servieren.

Ernährung (für 100g): 147 Kalorien 16 g Fett 12 g Kohlenhydrate 4 g Protein 723 mg Natrium

Geschmorte Okra

Vorbereitungszeit: 55 Minuten

Kochzeit: 25 Minuten

Portionen: 4

Schwierigkeit: Einfach

Zutaten:

- ¼ Tasse natives Olivenöl extra
- 1 große Zwiebel, gehackt
- 4 Knoblauchzehen, fein gehackt
- 1 TL Salz
- 1 Pfund frische oder gefrorene Okraschoten, gereinigt
- 1 (15 Unzen) Dose normale Tomatensauce
- 2 Tassen Wasser
- ½ Tasse frischer Koriander, fein gehackt
- ½ TL frisch gemahlener schwarzer Pfeffer

Richtungen:

Olivenöl, Zwiebel, Knoblauch und Salz mischen und 1 Minute kochen. Okra einrühren und 3 Minuten garen.

Tomatensauce, Wasser, Koriander und schwarzen Pfeffer hinzufügen; umrühren, abdecken und 15 Minuten kochen lassen, dabei gelegentlich umrühren. Heiß servieren.

Ernährung (für 100g): 201 Kalorien 6 g Fett 18 g Kohlenhydrate 4 g Protein 693 mg Natrium

Mit süßem Gemüse gefüllte Paprika

Zubereitungszeit: 20 Minuten

Kochzeit: 30 Minuten

Portionen: 6

Schwierigkeit: Mittel

Zutaten:

- 6 große Paprika, verschiedene Farben
- 3 Esslöffel natives Olivenöl extra
- 1 große Zwiebel, gehackt
- 3 Knoblauchzehen, gehackt
- 1 Karotte, gehackt
- 1 (16 Unzen) Dose Kichererbsen, gespült und abgetropft
- 3 Tassen gekochter Reis
- 1½ TL Salz
- ½ TL frisch gemahlener schwarzer Pfeffer

Richtungen:

Ofen auf 350 ° F vorheizen. Achten Sie darauf, Paprika zu wählen, die aufrecht stehen kann. Schneide die Kappe der Paprika ab und entferne die Samen, hebe die Kappe für später auf. Legen Sie die Paprika in eine Auflaufform.

Olivenöl, Zwiebel, Knoblauch und Karotten 3 Minuten erhitzen. Kichererbsen unterrühren. Weitere 3 Minuten kochen. Den Topf vom Herd nehmen und die gekochten Zutaten in eine große Schüssel geben. Reis, Salz und Pfeffer hinzufügen; rollen, um zu kombinieren.

Füllen Sie jede Paprika bis zum Rand und setzen Sie dann die Paprikakappen wieder auf. Die Auflaufform mit Alufolie auslegen und 25 Minuten backen. Folie herausziehen und weitere 5 Minuten backen. Heiß servieren.

Ernährung (für 100g): 301 Kalorien 15 g Fett 50 g Kohlenhydrate 8 g Protein 803 mg Natrium

Moussaka-Auberginen

Vorbereitungszeit: 55 Minuten

Kochzeit: 40 Minuten

Portionen: 6

Schwierigkeit: Schwierig

Zutaten:

- 2 große Auberginen
- 2 Teelöffel Salz, geteilt
- Olivenöl Spray
- ¼ Tasse natives Olivenöl extra
- 2 große Zwiebeln, in Scheiben geschnitten
- 10 Knoblauchzehen, in Scheiben geschnitten
- 2 (15 Unzen) Dosen gewürfelte Tomaten
- 1 (16 Unzen) Dose Kichererbsen, gespült und abgetropft
- 1 TL getrockneter Oregano
- ½ TL frisch gemahlener schwarzer Pfeffer

Richtungen:

Schneiden Sie die Aubergine horizontal in ¼ Zoll dicke runde Scheiben. Die Auberginenscheiben mit 1 Teelöffel Salz bestreuen und 30 Minuten in ein Sieb geben.

Ofen auf 450 ° F vorheizen. Die Auberginenscheiben mit Küchenpapier trocken tupfen und jede Seite mit einem

Olivenölspray besprühen oder jede Seite leicht mit Olivenöl bestreichen.

Legen Sie die Auberginen in einer einzigen Schicht auf ein Backblech. In den Ofen geben und 10 Minuten backen. Dann die Scheiben mit einem Pfannenwender wenden und weitere 10 Minuten backen.

Olivenöl, Zwiebel, Knoblauch und den restlichen 1 Teelöffel Salz anschwitzen. 5 Minuten köcheln lassen, gelegentlich umrühren. Tomaten, Kichererbsen, Oregano und schwarzen Pfeffer hinzufügen. 12 Minuten köcheln lassen, gelegentlich umrühren.

Verwenden Sie einen tiefen Topf und beginnen Sie mit dem Schichten, beginnend mit der Aubergine und dann der Sauce. Wiederholen, bis alle Zutaten verbraucht sind. 20 Minuten im Ofen backen. Aus dem Ofen nehmen und warm servieren.

Ernährung (für 100g): 262 Kalorien 11 g Fett 35 g Kohlenhydrate 8 g Protein 723 mg Natrium

Mit Gemüse gefüllte Weinblätter

Vorbereitungszeit: 50 Minuten

Kochzeit: 45 Minuten

Portionen: 8

Schwierigkeit: Mittel

Zutaten:

- 2 dl weißer Reis, gespült
- 2 große Tomaten, fein gewürfelt
- 1 große Zwiebel, fein gehackt
- 1 Frühlingszwiebel, fein gehackt
- 1 dl frische italienische Petersilie, fein gehackt
- 3 Knoblauchzehen, gehackt
- 2½ Teelöffel Salz
- ½ TL frisch gemahlener schwarzer Pfeffer
- 1 (16 Unzen) Dose Weinblätter
- 1 dl Zitronensaft
- ½ Tasse natives Olivenöl extra
- 4 bis 6 Tassen Wasser

Richtungen:

Kombinieren Sie Reis, Tomaten, Zwiebeln, Frühlingszwiebeln, Petersilie, Knoblauch, Salz und schwarzen Pfeffer. Die Weinblätter abgießen und abspülen. Bereiten Sie einen großen Topf vor, indem Sie eine Schicht Weinblätter auf den Boden legen. Legen Sie jedes Blatt flach und schneiden Sie alle Stiele ab.

2 Esslöffel der Reismischung auf die Basis jedes Blattes geben. Die Seiten umklappen und dann so fest wie möglich aufrollen. Legen Sie die gerollten Weinblätter in den Topf und richten Sie jedes gerollte Weinblatt aus. Fahre damit fort, die gerollten Weinblätter zu schichten.

Gießen Sie den Zitronensaft und das Olivenöl vorsichtig über die Weinblätter und fügen Sie genügend Wasser hinzu, um die Weinblätter 2,5 cm zu bedecken. Legen Sie einen schweren Teller, der kleiner als die Öffnung des Topfes ist, verkehrt herum über die Weinblätter. Decken Sie den Topf ab und garen Sie die Blätter bei mittlerer Hitze 45 Minuten lang. Vor dem Servieren 20 Minuten stehen lassen. Heiß oder kalt servieren.

Ernährung (für 100g): 532 Kalorien 15 g Fett 80 g Kohlenhydrate 12 g Protein 904 mg Natrium

Gegrillte Auberginenbrötchen

Zubereitungszeit: 30 Minuten
Kochzeit: 10 Minuten
Portionen: 6
Schwierigkeit: Mittel

Zutaten:

- 2 große Auberginen
- 1 TL Salz
- 4 Unzen Ziegenkäse
- 1 Tasse Ricotta
- ¼ Tasse frischer Basilikum, fein gehackt
- ½ TL frisch gemahlener schwarzer Pfeffer
- Olivenöl Spray

Richtungen:

Schneiden Sie die Spitzen der Auberginen ab und schneiden Sie die Auberginen der Länge nach in ¼ Zoll dicke Scheiben. Die Scheiben mit Salz bestreuen und die Aubergine 15 bis 20 Minuten in ein Sieb geben.

Ziegenkäse, Ricotta, Basilikum und Pfeffer schlagen. Heizen Sie einen Grill, eine Grillpfanne oder eine leicht geölte Bratpfanne bei mittlerer Hitze vor. Die Auberginenscheiben trocknen und leicht mit Olivenöl besprühen. Die Aubergine auf den Grill, die

Grillpfanne oder die Bratpfanne legen und von jeder Seite 3 Minuten garen.

Aubergine vom Herd nehmen und 5 Minuten abkühlen lassen. Zum Rollen eine Auberginenscheibe flach legen, einen Esslöffel der Käsemischung auf den Boden der Scheibe geben und aufrollen. Sofort servieren oder bis zum Servieren kühl stellen.

Ernährung (für 100g): 255 Kalorien 7 g Fett 19 g Kohlenhydrate 15 g Protein 793 mg Natrium

Knusprige Zucchini-Krapfen

Zubereitungszeit: 15 Minuten

Kochzeit: 20 Minuten

Portionen: 6

Schwierigkeit: Einfach

Zutaten:

- 2 große grüne Zucchini
- 2 Esslöffel italienische Petersilie, fein gehackt
- 3 Knoblauchzehen, gehackt
- 1 TL Salz
- 1 Tasse Mehl
- 1 großes Ei, geschlagen
- ½ Tasse Wasser
- 1 TL Backpulver
- 3 dl Pflanzen- oder Avocadoöl

Richtungen:

Die Zucchini in einer großen Schüssel raspeln. Petersilie, Knoblauch, Salz, Mehl, Eier, Wasser und Backpulver in die Schüssel geben und umrühren. Öl in einem großen Topf oder einer Fritteuse bei mittlerer Hitze auf 365 °F erhitzen.

Den Pfannkuchenteig mit einem Löffel in das heiße Öl gießen. Wenden Sie die Krapfen mit einem geschlitzten Löffel und backen Sie sie, bis sie goldbraun sind, etwa 2 bis 3 Minuten. Die Krapfen aus dem Öl abseihen und auf einen mit Küchenpapier ausgelegten Teller legen. Warm mit cremigem Tzatziki oder cremigem traditionellem Hummus als Dip servieren.

Ernährung (für 100g): 446 Kalorien 2 g Fett 19 g Kohlenhydrate 5 g Protein 812 mg Natrium

Käsespinatkuchen

Zubereitungszeit: 20 Minuten

Kochzeit: 40 Minuten

Portionen: 8

Schwierigkeit: Schwierig

Zutaten:

- 2 Esslöffel natives Olivenöl extra
- 1 große Zwiebel, gehackt
- 2 Knoblauchzehen, gehackt
- 3 (1-Pfund) Beutel Babyspinat, gewaschen
- 1 dl Feta-Käse
- 1 großes Ei, geschlagen
- Blätterteigblatt

Richtungen:

Ofen auf 375°F vorheizen. Olivenöl, Zwiebel und Knoblauch 3 Minuten erhitzen. Den Spinat Beutel für Beutel in die Pfanne geben und zwischen den Beuteln zusammenfallen lassen. Mit einer Zange werfen. 4 Minuten kochen. Sobald der Spinat gekocht ist, schöpfen Sie überschüssige Flüssigkeit aus der Pfanne.

Feta-Käse, Eier und gekochten Spinat in einer großen Schüssel mischen. Legen Sie den Blätterteig flach auf eine Theke. Schneiden Sie den Teig in 3-Zoll-Quadrate. Einen Esslöffel der Spinatmischung in die Mitte eines Blätterteigquadrats geben.

Falten Sie eine Ecke des Quadrats zur diagonalen Ecke, sodass ein Dreieck entsteht. Drücken Sie die Ränder des Kuchens zusammen, indem Sie sie mit den Zinken einer Gabel nach unten drücken, um sie miteinander zu versiegeln. Wiederholen, bis alle Quadrate gefüllt sind.

Legen Sie die Kuchen auf ein mit Backpapier ausgelegtes Backblech und backen Sie sie 25 bis 30 Minuten oder bis sie goldbraun sind. Warm oder bei Zimmertemperatur servieren.

Ernährung (für 100g): 503 Kalorien 6 g Fett 38 g Kohlenhydrate 16 g Protein 836 mg Natrium

Gurkensandwichstücke

Zubereitungszeit: 5 Minuten

Kochzeit: 0 Minuten

Portionen: 12

Schwierigkeit: Einfach

Zutaten:

- 1 Gurke, in Scheiben geschnitten
- 8 Scheiben Vollkornbrot
- 2 Esslöffel Frischkäse, weich
- 1 EL Schnittlauch, gehackt
- ¼ Tasse Avocado, geschält, entsteint und püriert
- 1 TL Senf
- Salz und schwarzer Pfeffer nach Geschmack

Richtungen:

Avocadopüree auf jede Brotscheibe verteilen, restliche Zutaten bis auf die Gurkenscheiben ebenfalls verteilen.

Die Gurkenscheiben auf die Brotscheiben verteilen, jede Scheibe dritteln, auf einen Teller legen und als Vorspeise servieren.

Ernährung (für 100g): 187 Kalorien 12,4 g Fett 4,5 g Kohlenhydrate 8,2 g Protein 736 mg Natrium

Joghurt-Dip

Zubereitungszeit: 10 Minuten

Kochzeit: 0 Minuten

Portionen: 6

Schwierigkeit: Einfach

Zutaten:

- 2 Tassen griechischer Joghurt
- 2 EL Pistazien, geröstet und gehackt
- Eine Prise Salz und weißer Pfeffer
- 2 EL Minze, gehackt
- 1 Esslöffel Kalamata-Oliven, entsteint und gehackt
- ¼ Tasse Zaatar-Gewürz
- ¼ Tasse Granatapfelkerne
- 1/3 Tasse Olivenöl

Richtungen:

Den Joghurt mit den Pistazien und den restlichen Zutaten mischen, gut schlagen, in kleine Tassen verteilen und mit Fladenbrot servieren.

Ernährung (für 100g): 294 Kalorien 18 g Fett 2 g Kohlenhydrate 10 g Protein 593 mg Natrium

Tomaten-Bruschetta

Zubereitungszeit: 10 Minuten

Kochzeit: 10 Minuten

Portionen: 6

Schwierigkeit: Einfach

Zutaten:

- 1 Baguette, in Scheiben geschnitten
- 1/3 Tasse Basilikum, gehackt
- 6 Tomaten, gewürfelt
- 2 Knoblauchzehen, gehackt
- Eine Prise Salz und schwarzer Pfeffer
- 1 TL Olivenöl
- 1 Esslöffel Balsamico-Essig
- ½ TL Knoblauchpulver
- Kochspray

Richtungen:

Baguettescheiben auf ein Backpapier legen, mit Kochspray einfetten. 10 Minuten bei 400 Grad backen.

Die Tomaten mit dem Basilikum und den restlichen Zutaten mischen, gut mischen und 10 Minuten ziehen lassen. Die Tomatenmischung auf jede Baguettescheibe streichen, alles auf einem Teller anrichten und servieren.

Ernährung (für 100g): 162 Kalorien 4 g Fett 29 g Kohlenhydrate 4 g Protein 736 mg Natrium

Mit Oliven und Käse gefüllte Tomaten

Zubereitungszeit: 10 Minuten

Kochzeit: 0 Minuten

Portionen: 24

Schwierigkeit: Einfach

Zutaten:

- 24 Kirschtomaten, Oberteile abgeschnitten und Inneres ausgehöhlt
- 2 Esslöffel Olivenöl
- ¼ Teelöffel rote Paprikaflocken
- ½ Tasse Feta-Käse, zerbröckelt
- 2 EL schwarze Olivenpaste
- ¼ Tasse Minze, gerieben

Richtungen:

Die Oliven in einer Schüssel mit den restlichen Zutaten außer den Kirschtomaten mischen und gut verquirlen. Kirschtomaten mit dieser Mischung füllen, alles auf einem Teller anrichten und als Vorspeise servieren.

Ernährung (für 100g): 136 Kalorien 8,6 g Fett 5,6 g Kohlenhydrate 5,1 g Protein 648 mg Natrium

Pfeffer-Tapenade

Zubereitungszeit: 10 Minuten

Kochzeit: 0 Minuten

Portionen: 4

Schwierigkeit: Einfach

Zutaten:

- 7 Unzen geröstete rote Paprika, gehackt
- ½ Tasse Parmesan, gerieben
- 1/3 Tasse Petersilie, gehackt
- 14 Unzen Artischocken aus der Dose, abgetropft und gehackt
- 3 Esslöffel Olivenöl
- ¼ Tasse Kapern, abgetropft
- 1 ½ EL Zitronensaft
- 2 Knoblauchzehen, gehackt

Richtungen:

Kombinieren Sie in Ihrem Mixer rote Paprika mit Parmesan und den restlichen Zutaten und pulsieren Sie sie gut. Auf Tassen verteilen und als Snack servieren.

Ernährung (für 100g): 200 Kalorien 5,6 g Fett 12,4 g Kohlenhydrate 4,6 g Protein 736 mg Natrium

Koriander Falafel

Zubereitungszeit: 10 Minuten

Kochzeit: 10 Minuten

Portionen: 8

Schwierigkeit: Einfach

Zutaten:

- 1 Tasse Kichererbsen aus der Dose
- 1 Bund Petersilienblätter
- 1 gelbe Zwiebel, gehackt
- 5 Knoblauchzehen, gehackt
- 1 Teelöffel Koriander, gemahlen
- Eine Prise Salz und schwarzer Pfeffer
- ¼ Teelöffel Cayennepfeffer
- ¼ Teelöffel Backpulver
- ¼ Teelöffel Kreuzkümmelpulver
- 1 Teelöffel Zitronensaft
- 3 EL Tapiokamehl
- Olivenöl zum Braten

Richtungen:

Die Bohnen mit der Petersilie, der Zwiebel und den restlichen Zutaten außer Öl und Mehl in der Küchenmaschine mischen und gut pürieren. Masse in eine Schüssel umfüllen, Mehl dazugeben, gut verrühren, aus dieser Masse 16 Kugeln formen und etwas flach drücken.

Die Pfanne auf mittlere Hitze erhitzen, die Falafel dazugeben, 5 Minuten auf beiden Seiten braten, in Küchenpapier legen, das überschüssige Fett abtropfen lassen, auf einem Teller anrichten und als Vorspeise servieren.

Ernährung (für 100g): 122 Kalorien 6,2 g Fett 12,3 g Kohlenhydrate 3,1 g Protein 699 mg Natrium

Hummus mit Paprika

Zubereitungszeit: 10 Minuten

Kochzeit: 0 Minuten

Portionen: 6

Schwierigkeit: Einfach

Zutaten:

- 6 Unzen geröstete rote Paprika, geschält und gehackt
- 16 Unzen Kichererbsen aus der Dose, abgetropft und gespült
- ¼ Tasse griechischer Joghurt
- 3 Esslöffel Tahini-Paste
- Der Saft von 1 Zitrone
- 3 Knoblauchzehen, gehackt
- 1 Esslöffel Olivenöl
- Eine Prise Salz und schwarzer Pfeffer
- 1 EL Petersilie, gehackt

Richtungen:

Kombinieren Sie in Ihrer Küchenmaschine die rote Paprika mit den restlichen Zutaten außer dem Öl und der Petersilie und pulsieren Sie sie gut. Das Öl dazugeben, nochmals pürieren, auf Tassen verteilen, die Petersilie darüber streuen und als Party-Topping servieren.

Ernährung (für 100g): 255 Kalorien 11,4 g Fett 17,4 g Kohlenhydrate 6,5 g Protein 593 mg Natrium

Weiße Bohnen-Dip

Zubereitungszeit: 10 Minuten

Kochzeit: 0 Minuten

Portionen: 4

Schwierigkeit: Einfach

Zutaten:

- 15 Unzen weiße Bohnen aus der Dose, abgetropft und gespült
- 6 Unzen Artischockenherzen aus der Dose, abgetropft und geviertelt
- 4 Knoblauchzehen, gehackt
- 1 EL Basilikum, gehackt
- 2 Esslöffel Olivenöl
- Der Saft einer halben Zitrone
- Schale einer halben Zitrone, gerieben
- Salz und schwarzer Pfeffer nach Geschmack

Richtungen:

In Ihrer Küchenmaschine die Bohnen mit den Artischocken und den restlichen Zutaten außer dem Öl mischen und gut pulsieren. Fügen Sie das Öl nach und nach hinzu, pulsieren Sie die Mischung erneut, teilen Sie sie in Tassen auf und servieren Sie sie als Partydip.

Ernährung (für 100g): 27 Kalorien 11,7 g Fett 18,5 g Kohlenhydrate 16,5 g Protein 668 mg Natrium

Hummus mit gemahlenem Lamm

Zubereitungszeit: 10 Minuten

Kochzeit: 15 Minuten

Portionen: 8

Schwierigkeit: Einfach

Zutaten:

- 10 Unzen Hummus
- 12 Unzen Lamm, gemahlen
- ½ Tasse Granatapfelkerne
- ¼ Tasse Petersilie, gehackt
- 1 Esslöffel Olivenöl
- Fladenbrot zum Servieren

Richtungen:

Die Pfanne bei mittlerer Hitze erhitzen, das Fleisch kochen und 15 Minuten lang anbraten, dabei häufig umrühren. Den Hummus auf einem Teller verteilen, das Hackfleisch darauf verteilen, zusätzlich Granatapfelkerne und Petersilie verteilen und mit Fladenbrot als Snack servieren.

Ernährung (für 100g): 133 Kalorien 9,7 g Fett 6,4 g Kohlenhydrate 5,4 g Protein 659 mg Natrium

Auberginen-Dip

Zubereitungszeit: 10 Minuten

Kochzeit: 40 Minuten

Portionen: 4

Schwierigkeit: Einfach

Zutaten:

- 1 Aubergine, mit einer Gabel angestochen
- 2 Esslöffel Tahini-Paste
- 2 EL Zitronensaft
- 2 Knoblauchzehen, gehackt
- 1 Esslöffel Olivenöl
- Salz und schwarzer Pfeffer nach Geschmack
- 1 EL Petersilie, gehackt

Richtungen:

Legen Sie die Auberginen in eine Bratpfanne, backen Sie sie 40 Minuten lang bei 400 Grad F, kühlen Sie sie ab, schälen Sie sie und geben Sie sie in Ihre Küchenmaschine. Die restlichen Zutaten bis auf die Petersilie mischen, gut pulsieren, auf kleine Schälchen verteilen und mit der Petersilie bestreut als Vorspeise servieren.

Ernährung (für 100g): 121 Kalorien 4,3 g Fett 1,4 g Kohlenhydrate 4,3 g Protein 639 mg Natrium

Veggie-Krapfen

Zubereitungszeit: 10 Minuten

Kochzeit: 10 Minuten

Portionen: 8

Schwierigkeit: Einfach

Zutaten:

- 2 Knoblauchzehen, gehackt
- 2 gelbe Zwiebeln, gehackt
- 4 Frühlingszwiebeln, gehackt
- 2 Karotten, gerieben
- 2 Teelöffel Kreuzkümmel, gemahlen
- ½ TL Kurkumapulver
- Salz und schwarzer Pfeffer nach Geschmack
- ¼ Teelöffel Koriander, gemahlen
- 2 EL Petersilie, gehackt
- ¼ Teelöffel Zitronensaft
- ½ Tasse Mandelmehl
- 2 Rüben, geschält und gerieben
- 2 Eier, geschlagen
- ¼ Tasse Tapiokamehl
- 3 Esslöffel Olivenöl

Richtungen:

In einer Schüssel den Knoblauch mit der Zwiebel, den Frühlingszwiebeln und den restlichen Zutaten außer dem Öl mischen, gut umrühren und aus dieser Mischung mittelgroße Krapfen formen.

Die Pfanne auf mittlere Hitze erhitzen, die Krapfen hineingeben, 5 Minuten auf jeder Seite braten, auf einen Teller legen und servieren.

Ernährung (für 100g): 209 Kalorien 11,2 g Fett 4,4 g Kohlenhydrate 4,8 g Protein 726 mg Natrium

Bulgur-Lammfleischbällchen

Zubereitungszeit: 10 Minuten

Kochzeit: 15 Minuten

Portionen: 6

Schwierigkeit: Einfach

Zutaten:

- 1 ½ Tassen griechischer Joghurt
- ½ Teelöffel Kreuzkümmel, gemahlen
- 1 dl Gurke, geraspelt
- ½ TL Knoblauch, fein gehackt
- Eine Prise Salz und schwarzer Pfeffer
- 1dl Bulgur
- 2 Tassen Wasser
- 1 Pfund Lamm, gemahlen
- ¼ Tasse Petersilie, gehackt
- ¼ Tasse Schalotten, gehackt
- ½ TL Piment, gemahlen
- ½ TL Zimtpulver
- 1 Esslöffel Olivenöl

Richtungen:

Bulgur mit dem Wasser mischen, Schüssel abdecken, 10 Minuten stehen lassen, abtropfen und in eine Schüssel umfüllen. Fleisch, Joghurt und die restlichen Zutaten bis auf das Öl dazugeben, gut verrühren und daraus mittelgroße Frikadellen formen. Die Pfanne auf mittlere Hitze erhitzen, die Fleischbällchen dazugeben, 7 Minuten auf jeder Seite braten, alles auf einem Teller anrichten und als Vorspeise servieren.

Ernährung (für 100g): 300 Kalorien 9,6 g Fett 22,6 g Kohlenhydrate 6,6 g Protein 644 mg Natrium

Gurke beißt

Zubereitungszeit: 10 Minuten

Kochzeit: 0 Minuten

Portionen: 12

Schwierigkeit: Einfach

Zutaten:

- 1 englische Gurke, in 32 Scheiben geschnitten
- 10 Unzen Hummus
- 16 Kirschtomaten, halbiert
- 1 EL Petersilie, gehackt
- 1 Unze Feta-Käse, zerbröckelt

Richtungen:

Jede Gurke mit Hummus bestreichen, die Tomatenhälften darauf verteilen, mit Käse und Petersilie bestreuen und als Vorspeise servieren.

Ernährung (für 100g): 162 Kalorien 3,4 g Fett 6,4 g Kohlenhydrate 2,4 g Protein 702 mg Natrium

Gefüllte Avocado

Zubereitungszeit: 10 Minuten

Kochzeit: 0 Minuten

Portionen: 2

Schwierigkeit: Einfach

Zutaten:

- 1 Avocado, halbiert und entkernt
- 10 Unzen Thunfisch in Dosen, abgetropft
- 2 EL sonnengetrocknete Tomaten, gehackt
- 1 ½ EL Basilikumpesto
- 2 Esslöffel schwarze Oliven, entsteint und gehackt
- Salz und schwarzer Pfeffer nach Geschmack
- 2 TL Pinienkerne, geröstet und gehackt
- 1 EL Basilikum, gehackt

Richtungen:

Den Thunfisch mit den sonnengetrockneten Tomaten und den restlichen Zutaten außer der Avocado mischen und umrühren. Die Avocadohälften mit der Thunfischmischung füllen und als Vorspeise servieren.

Ernährung (für 100g): 233 Kalorien 9 g Fett 11,4 g Kohlenhydrate 5,6 g Protein 735 mg Natrium

Eingewickelte Pflaumen

Zubereitungszeit: 5 Minuten

Kochzeit: 0 Minuten

Portionen: 8

Schwierigkeit: Einfach

Zutaten:

- 2 Unzen Prosciutto, in 16 Stücke geschnitten
- 4 Pflaumen, geviertelt
- 1 EL Schnittlauch, gehackt
- Eine Prise rote Paprikaflocken, zerdrückt

Richtungen:

Jedes Pflaumenviertel in eine Scheibe Prosciutto wickeln, alles auf einem Teller anrichten, mit Schnittlauch und Pfefferflocken bestreuen und servieren.

Ernährung (für 100g): 30 Kalorien 1 g Fett 4 g Kohlenhydrate 2 g Protein 439 mg Natrium

Marinierter Feta-Käse und Artischocken

Vorbereitungszeit: 10 Minuten plus 4 Stunden Leerlaufzeit

Kochzeit: 10 Minuten

Portionen: 2

Schwierigkeit: Einfach

Zutaten:

- 4 Unzen traditioneller griechischer Feta-Käse, in ½-Zoll-Würfel geschnitten
- 4 Unzen entwässerte Artischockenherzen, längs geviertelt
- 1/3 Tasse natives Olivenöl extra
- Schale und Saft von 1 Zitrone
- 2 Esslöffel grob gehackter frischer Rosmarin
- 2 Esslöffel grob gehackte frische Petersilie
- ½ TL schwarze Pfefferkörner

Richtungen:

Kombinieren Sie in einer Glasschüssel den Feta und die Artischockenherzen. Fügen Sie Olivenöl, Zitronenschale und -saft, Rosmarin, Petersilie und Pfefferkörner hinzu und mischen Sie es vorsichtig, um es zu beschichten, wobei Sie darauf achten, dass der Feta-Käse nicht zerbröckelt.

Kühlen Sie für 4 Stunden oder bis zu 4 Tage. 30 Minuten vor dem Servieren aus dem Kühlschrank nehmen.

Ernährung (für 100g): 235 Kalorien 23 g Fett 1 g Kohlenhydrate 4 g Protein 714 mg Natrium

Thunfischkroketten

Vorbereitungszeit: 40 Minuten plus weitere Stunden über Nacht zum Kühlen

Kochzeit: 25 Minuten

Portionen: 36

Schwierigkeit: Schwierig

Zutaten:

- 6 Esslöffel natives Olivenöl extra, plus 1 bis 2 Tassen
- 5 Esslöffel Mandelmehl, plus 1 Tasse, geteilt
- 1¼ Tassen Sahne
- 1 (4-Unzen) Dose mit Olivenöl gefüllter Gelbflossen-Thunfisch
- 1 Esslöffel gehackte rote Zwiebel
- 2 TL gehackte Kapern
- ½ Teelöffel getrockneter Dill
- ¼ Teelöffel frisch gemahlener schwarzer Pfeffer
- 2 große Eier
- 1 Tasse Panko Paniermehl (oder eine glutenfreie Version)

Richtungen:

6 Esslöffel Olivenöl bei mittlerer Hitze in einer großen Bratpfanne erhitzen. Fügen Sie 5 Esslöffel Mandelmehl hinzu und kochen Sie

unter ständigem Rühren, bis sich eine glatte Paste bildet und das Mehl leicht bräunt, 2 bis 3 Minuten.

Schalten Sie die Hitze auf mittelhoch und mischen Sie nach und nach die Sahne unter ständigem Rühren, bis sie vollständig glatt und dick ist, weitere 4 bis 5 Minuten. Entfernen und fügen Sie Thunfisch, rote Zwiebel, Kapern, Dill und Pfeffer hinzu.

Übertragen Sie die Mischung in eine quadratische 8-Zoll-Auflaufform, die gut mit Olivenöl bedeckt ist, und stellen Sie sie bei Raumtemperatur beiseite. Wickeln und 4 Stunden oder bis über Nacht kalt stellen. Um die Kroketten zu formen, stellen Sie drei Schalen bereit. Die Eier miteinander verquirlen. In einem anderen das restliche Mandelmehl hinzufügen. Fügen Sie im dritten Panko hinzu. Ein Blech mit Backpapier auslegen.

Etwa einen Esslöffel des kalt zubereiteten Teigs in die Mehlmischung geben und zu einer Schicht ausrollen. Den Überschuss abschütteln und mit den Händen zu einem Oval rollen.

Tauchen Sie die Krokette in das geschlagene Ei und bestreichen Sie sie dann leicht mit Panko. Auf ein mit Backpapier ausgelegtes Backpapier legen und mit dem restlichen Teig wiederholen.

Erhitzen Sie die restlichen 1 bis 2 Tassen Olivenöl in einem kleinen Topf bei mittlerer bis hoher Hitze.

Wenn das Öl erhitzt ist, braten Sie die Kroketten je nach Größe Ihrer Pfanne 3 oder 4 gleichzeitig und nehmen Sie sie mit einer Schaumkelle heraus, wenn sie goldbraun sind. Sie müssen die

Temperatur des Öls von Zeit zu Zeit anpassen, um ein Anbrennen zu vermeiden. Wenn die Kroketten sehr schnell dunkelbraun werden, reduzieren Sie die Temperatur.

Ernährung (für 100g): 245 Kalorien 22 g Fett 1 g Kohlenhydrate 6 g Protein 801 mg Natrium

Räucherlachs Crudités

Zubereitungszeit: 10 Minuten
Kochzeit: 15 Minuten
Portionen: 4
Schwierigkeit: Einfach

Zutaten:

- 6 Unzen geräucherter Wildlachs
- 2 EL geröstete Knoblauch-Aioli
- 1 EL Dijon-Senf
- 1 Esslöffel gehackte Frühlingszwiebeln, nur grüne Teile
- 2 TL gehackte Kapern
- ½ Teelöffel getrockneter Dill
- 4 Endivie-Speere oder Romaine-Herzen
- ½ englische Gurke, in ¼ Zoll dicke Scheiben geschnitten

Richtungen:

Räucherlachs grob hacken und in eine kleine Schüssel geben. Aioli, Dijon, Frühlingszwiebeln, Kapern und Dill hinzugeben und gut vermischen. Endivienstangen und Gurkenrunden mit einem Löffel Räucherlachsmischung toppen und gekühlt genießen.

Ernährung (für 100g): 92 Kalorien 5 g Fett 1 g Kohlenhydrate 9 g Protein 714 mg Natrium

Mit Zitrusfrüchten marinierte Oliven

Vorbereitungszeit: 4 Stunden

Kochzeit: 0 Minuten

Portionen: 2

Schwierigkeit: Einfach

Zutaten:

- 2 Tassen entsteinte gemischte grüne Oliven
- ¼ Tasse Rotweinessig
- ¼ Tasse natives Olivenöl extra
- 4 Knoblauchzehen, fein gehackt
- 1 große Orange schälen und entsaften
- 1 TL rote Paprikaflocken
- 2 Lorbeerblätter
- ½ TL gemahlener Kreuzkümmel
- ½ TL gemahlener Piment

Richtungen:

Oliven, Essig, Öl, Knoblauch, Orangenschale und -saft, Paprikaflocken, Lorbeerblätter, Kreuzkümmel und Piment hinzugeben und gut vermischen. Versiegeln und 4 Stunden oder bis zu einer Woche im Kühlschrank lagern, damit die Oliven marinieren können, vor dem Servieren erneut schwenken.

Ernährung (für 100g): 133 Kalorien 14 g Fett 2 g Kohlenhydrate 1 g Protein 714 mg Natrium

Oliventapenade mit Sardellen

Vorbereitungszeit: 1 Stunde und 10 Minuten

Kochzeit: 0 Minuten

Portionen: 2

Schwierigkeit: Mittel

Zutaten:

- 2 Tassen entkernte Kalamata-Oliven oder andere schwarze Oliven
- 2 Sardellenfilets, gehackt
- 2 TL gehackte Kapern
- 1 Knoblauchzehe, fein gehackt
- 1 gekochtes Eigelb
- 1 TL Dijon-Senf
- ¼ Tasse natives Olivenöl extra
- Seedy Crackers, vielseitiges Sandwich oder Gemüse zum Servieren (optional)

Richtungen:

Oliven kalt abspülen und gut abtropfen lassen. Geben Sie die abgetropften Oliven, Sardellen, Kapern, Knoblauch, Eigelb und Dijon in eine Küchenmaschine, einen Mixer oder ein großes Gefäß (falls Sie einen Mixer verwenden). Verarbeiten, bis eine dicke Paste entsteht. Während der Fahrt das Olivenöl nach und nach einfüllen.

In eine kleine Schüssel umfüllen, abdecken und mindestens 1 Stunde kühl stellen, damit sich die Aromen entwickeln können. Servieren Sie es mit Seedy Crackers, auf einem vielseitigen Sandwich oder mit Ihrem knusprigen Lieblingsgemüse.

Ernährung (für 100g): 179 Kalorien 19 g Fett 2 g Kohlenhydrate 2 g Protein 82 mg Natrium

Griechische Teufelseier

Vorbereitungszeit: 45 Minuten

Kochzeit: 15 Minuten

Portionen: 4

Schwierigkeit: Einfach

Zutaten:

- 4 große hartgekochte Eier
- 2 EL geröstete Knoblauch-Aioli
- ½ Tasse fein zerkrümelter Feta-Käse
- 8 entkernte Kalamata-Oliven, fein gehackt
- 2 EL gehackte sonnengetrocknete Tomaten
- 1 Esslöffel fein gehackte rote Zwiebel
- ½ Teelöffel getrockneter Dill
- ¼ Teelöffel frisch gemahlener schwarzer Pfeffer

Richtungen:

Die hartgekochten Eier längs halbieren, das Eigelb entfernen und das Eigelb in eine mittelgroße Schüssel geben. Die Eiweißhälften aufbewahren und beiseite stellen. Eigelb mit einer Gabel gut zerdrücken. Aioli, Feta-Käse, Oliven, sonnengetrocknete Tomaten, Zwiebel, Dill und Pfeffer hinzugeben und glatt und cremig rühren.

Gießen Sie die Füllung in jede Eiweißhälfte und kühlen Sie sie für 30 Minuten oder bis zu 24 Stunden abgedeckt.

Ernährung (für 100g): 147 Kalorien 11 g Fett 6 g Kohlenhydrate 9 g Protein 736 mg Natrium

Manchego-Kekse

Vorbereitungszeit: 1 Stunde und 15 Minuten
Kochzeit: 15 Minuten
Portionen: 20
Schwierigkeit: Schwierig

Zutaten:

- 4 Esslöffel Butter, bei Raumtemperatur
- 1 dl fein geriebener Manchego-Käse
- 1 dl Mandelmehl
- 1 TL Salz, geteilt
- ¼ Teelöffel frisch gemahlener schwarzer Pfeffer
- 1 großes Ei

Richtungen:

Butter und geriebenen Käse mit einem elektrischen Mixer schlagen, bis alles gut vermischt und glatt ist. Mandelmehl mit ½ TL Salz und Pfeffer mischen. Gießen Sie die Mandelmehlmischung nach und nach in den Käse und rühren Sie ständig, bis sich der Teig gerade zu einer Kugel zusammenfügt.

Legen Sie ein Stück Pergament oder Plastikfolie auf und rollen Sie es zu einem etwa 1½ Zoll dicken Baumstamm auf. Gut verschließen und dann für mindestens 1 Stunde einfrieren. Ofen auf 350 ° F vorheizen. Legen Sie Backpapier oder Silikonmatten in 2 Backbleche.

Um das Ei zu waschen, das Ei und den restlichen ½ Teelöffel Salz verquirlen. Schneiden Sie den gekühlten Teig in kleine Kreise, etwa ¼ Zoll dick, und legen Sie sie auf die ausgekleideten Backbleche.

Eier waschen die Oberseite der Kekse und backen, bis die Kekse golden und knusprig sind. Zum Abkühlen auf ein Kuchengitter legen.

Warm servieren oder nach dem Abkühlen in einem luftdichten Behälter bis zu 1 Woche im Kühlschrank aufbewahren.

Ernährung (für 100g): 243 Kalorien 23 g Fett 1 g Kohlenhydrate 8 g Protein 804 mg Natrium

Burrata Caprese-Stapel

Zubereitungszeit: 5 Minuten

Kochzeit: 0 Minuten

Portionen: 4

Schwierigkeit: Einfach

Zutaten:

- 1 große Bio-Tomate, am besten Erbstück
- ½ TL Salz
- ¼ Teelöffel frisch gemahlener schwarzer Pfeffer
- 1 (4-Unzen) Ball Burrata-Käse
- 8 frische Basilikumblätter, in dünne Scheiben geschnitten
- 2 Esslöffel natives Olivenöl extra
- 1 EL Rotwein oder Balsamico-Essig

Richtungen:

Tomaten in 4 dicke Scheiben schneiden, Kerne in der Mitte entfernen und mit Salz und Pfeffer bestreuen. Legen Sie die Tomaten mit der gewürzten Seite nach oben auf einen Teller. Schneiden Sie die Burrata auf einem separaten Teller mit Rand in 4 dicke Scheiben und legen Sie eine Scheibe auf jede Tomatenscheibe. Jeweils ein Viertel des Basilikums darauf verteilen und die zurückbehaltene Burrata-Creme von der umrandeten Platte darüber gießen.

Mit Olivenöl und Essig bestreichen und mit Gabel und Messer servieren.

Ernährung (für 100g): 153 Kalorien 13 g Fett 1 g Kohlenhydrate 7 g Protein 633 mg Natrium

Zucchini-Ricotta-Krapfen mit Zitronen-Knoblauch-Aioli

Vorbereitungszeit: 10 Minuten plus 20 Minuten Ruhezeit
Kochzeit: 25 Minuten
Portionen: 4
Schwierigkeit: Schwierig

Zutaten:

- 1 große oder 2 kleine/mittelgroße Zucchini
- 1 TL Salz, geteilt
- ½ Tasse Vollmilch-Ricotta-Käse
- 2 Frühlingszwiebeln
- 1 großes Ei
- 2 Knoblauchzehen, fein gehackt
- 2 EL gehackte frische Minze (optional)
- 2 TL abgeriebene Zitronenschale
- ¼ Teelöffel frisch gemahlener schwarzer Pfeffer
- ½ Tasse Mandelmehl
- 1 TL Backpulver
- 8 Esslöffel natives Olivenöl extra

- 8 EL geröstete Knoblauch-Aioli oder Avocadoöl-Mayonnaise

Richtungen:

Legen Sie die zerkleinerte Zucchini in ein Sieb oder auf mehrere Lagen Küchenpapier. Mit ½ Teelöffel Salz bestreuen und 10 Minuten stehen lassen. Drücken Sie mit einer weiteren Schicht Papiertücher auf die Zucchini, um überschüssige Feuchtigkeit freizusetzen, und tupfen Sie sie trocken. Abgetropfte Zucchini, Ricotta, Frühlingszwiebeln, Ei, Knoblauch, Minze (falls verwendet), Zitronenschale, restlichen ½ Teelöffel Salz und Pfeffer hinzufügen.

Mandelmehl und Backpulver mischen. Die Mehlmischung unter die Zucchinimischung heben und 10 Minuten ruhen lassen. In einer großen Pfanne in vier Portionen die Krapfen braten. Für jede Portion von vier 2 Esslöffel Olivenöl bei mittlerer Hitze erhitzen. Fügen Sie 1 gehäuften Esslöffel Zucchini-Teig pro Krapfen hinzu und drücken Sie ihn mit der Rückseite eines Löffels nach unten, um 2- bis 3-Zoll-Krapfen zu bilden. Abdecken und vor dem Wenden 2 Minuten garen. Braten Sie weitere 2 bis 3 Minuten zugedeckt oder bis sie knusprig und golden und durchgegart sind. Möglicherweise müssen Sie die Hitze auf mittlere Stufe reduzieren, um ein Anbrennen zu verhindern. Aus der Pfanne nehmen und warm halten.

Wiederholen Sie dies für die restlichen drei Chargen und verwenden Sie für jede Charge 2 Esslöffel Olivenöl. Die Krapfen warm mit Aioli servieren.

Ernährung (für 100g): 448 Kalorien 42 g Fett 2 g Kohlenhydrate 8 g Protein 744 mg Natrium

Mit Lachs gefüllte Gurken

Zubereitungszeit: 10 Minuten

Kochzeit: 0 Minuten

Portionen: 4

Schwierigkeit: Einfach

Zutaten:

- 2 große Gurken, geschält
- 1 (4-Unzen) Dose roter Lachs
- 1 mittelgroße, sehr reife Avocado
- 1 Esslöffel natives Olivenöl extra
- Schale und Saft von 1 Limette
- 3 Esslöffel gehackter frischer Koriander
- ½ TL Salz
- ¼ Teelöffel frisch gemahlener schwarzer Pfeffer

Richtungen:

Die Gurke in 2,5 cm dicke Segmente schneiden und mit einem Löffel die Samen aus der Mitte jedes Segments kratzen und auf einem Teller anrichten. In einer mittelgroßen Schüssel Lachs, Avocado, Olivenöl, Limettenschale und -saft, Koriander, Salz und Pfeffer mischen und cremig rühren.

Die Lachsmischung in die Mitte jedes Gurkensegments geben und gekühlt servieren.

Ernährung (für 100g): 159 Kalorien 11 g Fett 3 g Kohlenhydrate 9 g Protein 739 mg Natrium

Ziegenkäse – Makrelenpastete

Zubereitungszeit: 10 Minuten

Kochzeit: 0 Minuten

Portionen: 4

Schwierigkeit: Einfach

Zutaten:

- 4 Unzen Olivenöl verpackte wild gefangene Makrele
- 2 Unzen Ziegenkäse
- Schale und Saft von 1 Zitrone
- 2 Esslöffel gehackte frische Petersilie
- 2 EL gehackter frischer Rucola
- 1 Esslöffel natives Olivenöl extra
- 2 TL gehackte Kapern
- 1 bis 2 Teelöffel frischer Meerrettich (optional)
- Cracker, Gurken, Endivie oder Sellerie zum Servieren (optional)

Richtungen:

Makrele, Ziegenkäse, Zitronenschale und -saft, Petersilie, Rucola, Olivenöl, Kapern und Meerrettich (falls verwendet) in einer Küchenmaschine, einem Mixer oder einer großen Schüssel mit einem Mixer mischen. Verarbeiten oder pürieren, bis es glatt und cremig ist.

Mit Crackern, Gurken, Endivie oder Selleriestangen servieren. Zugedeckt im Kühlschrank bis zu 1 Woche haltbar.

Ernährung (für 100g): 118 Kalorien 8 g Fett 6 g Kohlenhydrate 9 g Protein 639 mg Natrium

Probieren Sie die fetten Bomben des Mittelmeers

Vorbereitungszeit: 4 Stunden und 15 Minuten
Kochzeit: 0 Minuten
Portionen: 6
Schwierigkeit: Mittel

Zutaten:

- 1 dl zerbröselter Ziegenkäse
- 4 Esslöffel Pesto aus der Dose
- 12 entkernte Kalamata-Oliven, fein gehackt
- ½ Tasse fein gehackte Walnüsse
- 1 Esslöffel gehackter frischer Rosmarin

Richtungen:

Ziegenkäse, Pesto und Oliven in einer mittelgroßen Schüssel mischen und mit einer Gabel gut vermischen. Zum Festwerden 4 Stunden einfrieren.

Aus der Mischung mit den Händen 6 Kugeln mit einem Durchmesser von etwa ¾ Zoll formen. Die Mischung wird klebrig sein.

Walnüsse und Rosmarin in eine kleine Schüssel geben und die Ziegenkäsebällchen in der Nussmischung wälzen, um sie zu bestreichen. Bewahren Sie die Fettbomben bis zu 1 Woche im Kühlschrank oder bis zu 1 Monat im Gefrierschrank auf.

Ernährung (für 100g): 166 Kalorien 15 g Fett 1 g Kohlenhydrate 5 g Protein 736 mg Natrium

Avocado-Gazpacho

Zubereitungszeit: 15 Minuten
Kochzeit: 10 Minuten
Portionen: 4
Schwierigkeit: Einfach

Zutaten:

- 2 dl gehackte Tomaten
- 2 große reife Avocados, halbiert und entkernt
- 1 große Gurke, geschält und entkernt
- 1 mittelgroße Paprika (rot, orange oder gelb), gehackt
- 1 Tasse griechischer Vollmilchjoghurt
- ¼ Tasse natives Olivenöl extra
- ¼ Tasse gehackter frischer Koriander
- ¼ Tasse gehackte Frühlingszwiebeln, nur der grüne Teil
- 2 EL Rotweinessig
- Saft von 2 Limetten oder 1 Zitrone
- ½ bis 1 Teelöffel Salz
- ¼ Teelöffel frisch gemahlener schwarzer Pfeffer

Richtungen:

Mit einem Stabmixer Tomaten, Avocado, Gurke, Paprika, Joghurt, Olivenöl, Koriander, Frühlingszwiebeln, Essig und Limettensaft mischen. Mischen, bis es glatt ist.

Würzen und mischen, um die Aromen zu kombinieren. Kalt servieren.

Ernährung (für 100g): 392 Kalorien 32 g Fett 9 g Kohlenhydrate 6 g Protein 694 mg Natrium

Krabbenkuchen-Salatbecher

Vorbereitungszeit: 35 Minuten

Kochzeit: 20 Minuten

Portionen: 4

Schwierigkeit: Mittel

Zutaten:

- 1-Kilo-Jumbo-Klumpenkrabbe
- 1 großes Ei
- 6 EL geröstete Knoblauch-Aioli
- 2 EL Dijon-Senf
- ½ Tasse Mandelmehl
- ¼ Tasse fein gehackte rote Zwiebel
- 2 TL geräuchertes Paprikapulver
- 1 TL Selleriesalz
- 1 TL Knoblauchpulver
- 1 Teelöffel getrockneter Dill (optional)
- ½ TL frisch gemahlener schwarzer Pfeffer
- ¼ Tasse natives Olivenöl extra
- 4 große Bibb-Salatblätter, dicke Rücken entfernt

Richtungen:

Das Krabbenfleisch in eine große Schüssel geben und alle sichtbaren Schalen entfernen, dann das Fleisch mit einer Gabel auseinanderbrechen. In einer kleinen Schüssel das Ei, 2 Esslöffel Aioli und Dijon-Senf verquirlen. Das Krabbenfleisch dazugeben und mit einer Gabel vermischen. Mandelmehl, rote Zwiebel, Paprika, Selleriesalz, Knoblauchpulver, Dill (falls verwendet) und Pfeffer hinzugeben und gut vermischen. Bei Raumtemperatur 10 bis 15 Minuten ruhen lassen.

8 kleine Kuchen mit einem Durchmesser von etwa 2 cm formen. Das Olivenöl bei mittlerer Hitze erhitzen. Die Kekse braten, bis sie gebräunt sind, 2 bis 3 Minuten pro Seite. Umwickeln, Hitze auf niedrig reduzieren und weitere 6 bis 8 Minuten kochen oder bis sie in der Mitte fest geworden sind. Aus der Pfanne nehmen.

Zum Servieren 2 kleine Krabbenfrikadellen in jedes Salatblatt wickeln und mit 1 Esslöffel Aioli garnieren.

Ernährung (für 100g): 344 Kalorien 24 g Fett 2 g Kohlenhydrate 24 g Protein 804 mg Natrium

Wrap mit Orangen-Drachen-Hähnchensalat

Zubereitungszeit: 15 Minuten

Kochzeit: 0 Minuten

Portionen: 4

Schwierigkeit: Einfach

Zutaten:

- ½ Tasse griechischer Vollmilchjoghurt
- 2 EL Dijon-Senf
- 2 Esslöffel natives Olivenöl extra
- 2 EL frischer Estragon
- ½ TL Salz
- ¼ Teelöffel frisch gemahlener schwarzer Pfeffer
- 2 Tassen gekochtes zerkleinertes Hähnchen
- ½ Tasse Mandelsplitter
- 4 bis 8 große Bibb-Salatblätter, harte Stiele entfernt
- 2 kleine reife Avocados, geschält und in dünne Scheiben geschnitten
- Schale von 1 Clementine oder ½ kleine Orange (ca. 1 Esslöffel)

Richtungen:

Joghurt, Senf, Olivenöl, Estragon, Orangenschale, Salz und Pfeffer in einer mittelgroßen Schüssel mischen und cremig rühren. Fügen Sie das zerkleinerte Hähnchen und die Mandeln hinzu und schwenken Sie es zum Überziehen.

Um die Wraps zusammenzusetzen, geben Sie etwa ½ Tasse Hähnchensalatmischung in die Mitte jedes Salatblatts und belegen Sie es mit geschnittener Avocado.

Ernährung (für 100g): 440 Kalorien 32 g l Fett 8 g Kohlenhydrate 26 g Protein 607 mg Natrium

Mit Feta und Quinoa gefüllte Pilze

Zubereitungszeit: 5 Minuten

Kochzeit: 8 Minuten

Portionen: 6

Schwierigkeit: Mittel

Zutaten:

- 2 Esslöffel fein gewürfelte rote Paprika
- 1 Knoblauchzehe, fein gehackt
- ¼ Tasse gekochte Quinoa
- 1/8 TL Salz
- ¼ Teelöffel getrockneter Oregano
- 24 Champignons, entstielt
- 2 Unzen zerbröckelter Feta-Käse
- 3 Esslöffel Vollkornbrösel
- Olivenöl-Kochspray

Richtungen:

Luftfritteuse auf 360 ° F vorheizen. Paprika, Knoblauch, Quinoa, Salz und Oregano in einer kleinen Schüssel mischen. Gießen Sie die Quinoa-Füllung in die Pilzköpfe, bis sie gerade gefüllt ist. Auf jeden Pilz ein kleines Stück Feta-Käse legen. Auf jeden Pilz eine Prise Paniermehl über den Feta-Käse streuen.

Besprühen Sie den Airfryer-Korb mit Olivenöl-Kochspray, legen Sie dann die Pilze vorsichtig in den Korb und achten Sie darauf, dass sie sich nicht berühren.

Stellen Sie den Korb in die Heißluftfritteuse und backen Sie ihn 8 Minuten lang. Aus der Heißluftfritteuse nehmen und servieren.

Ernährung (für 100g): 97 Kalorien 4 g Fett 11 g Kohlenhydrate 7 g Protein 677 mg Natrium

Falafel aus fünf Zutaten mit Knoblauch-Joghurt-Sauce

Zubereitungszeit: 5 Minuten

Kochzeit: 15 Minuten

Portionen: 4

Schwierigkeit: Schwierig

Zutaten:

- <u>Zu den Falafeln</u>
- 1 (15 Unzen) Dose Kichererbsen, abgetropft und gespült
- ½ Tasse frische Petersilie
- 2 Knoblauchzehen, gehackt
- ½ EL gemahlener Kreuzkümmel
- 1 Esslöffel Vollkornmehl
- Salz
- <u>Für die Knoblauch-Joghurt-Sauce</u>
- 1 Tasse fettarmer griechischer Naturjoghurt
- 1 Knoblauchzehe, fein gehackt
- 1 Esslöffel gehackter frischer Dill
- 2 EL Zitronensaft

Richtungen:

Falafel zu machen

Luftfritteuse auf 360 ° F vorheizen. Geben Sie die Kichererbsen in eine Küchenmaschine. Pulsieren, bis die meisten zerkleinert sind, dann Petersilie, Knoblauch und Kreuzkümmel dazugeben und weitere Minuten pulsieren, bis die Zutaten einen Teig bilden.

Fügen Sie das Mehl hinzu. Noch ein paar Mal pulsieren, bis alles kombiniert ist. Der Teig wird eine Konsistenz haben, aber die Kichererbsen sollten in kleine Stücke gepulst werden. Rollen Sie den Teig mit sauberen Händen in 8 gleich große Kugeln und klopfen Sie die Kugeln dann etwas fest, sodass sie etwa ½ dicke Scheiben sind.

Bestreichen Sie den Airfryer-Korb mit Olivenöl-Kochspray, legen Sie dann die Falafel-Bratlinge in einer einzigen Schicht in den Korb und achten Sie darauf, dass sie sich nicht berühren. 15 Minuten in der Heißluftfritteuse frittieren.

Um die Knoblauch-Joghurt-Sauce zu machen

Joghurt, Knoblauch, Dill und Zitronensaft verrühren. Wenn die Falafel vollständig gegart und von allen Seiten schön gebräunt sind, nehmen Sie sie aus der Heißluftfritteuse und würzen Sie sie mit Salz. Servieren Sie die heiße Seite der Dip-Sauce.

Ernährung (für 100g): 151 Kalorien 2 g Fett 10 g Kohlenhydrate 12 g Protein 698 mg Natrium

Zitronengarnelen mit Knoblauch-Olivenöl

Zubereitungszeit: 5 Minuten

Kochzeit: 6 Minuten

Portionen: 4

Schwierigkeit: Mittel

Zutaten:

- 1 Pfund mittelgroße Garnelen, gereinigt und entdarmt
- ¼ Tasse plus 2 Esslöffel Olivenöl, geteilt
- Der Saft einer halben Zitrone
- 3 Knoblauchzehen, gehackt und geteilt
- ½ TL Salz
- ¼ Teelöffel rote Paprikaflocken
- Zitronenspalten zum Servieren (optional)
- Marinara-Sauce, zum Dippen (optional)

Richtungen:

Luftfritteuse auf 380 ° F vorheizen. Garnelen mit 2 Esslöffeln Olivenöl, Zitronensaft, 1/3 des gehackten Knoblauchs, Salz und Paprikaflocken mischen und gut abdecken.

Kombinieren Sie in einer kleinen Auflaufform die restlichen ¼ Tasse Olivenöl und den restlichen gehackten Knoblauch. Reißen Sie ein 12 x 12 Zoll großes Blatt Aluminiumfolie ab. Legen Sie die Garnelen in die Mitte der Folie, klappen Sie die Seiten hoch und drücken Sie die Ränder zusammen, um eine oben offene

Aluminiumfolienschale zu bilden. Legen Sie dieses Paket in den Heißluftfritteusenkorb.

Braten Sie die Garnelen 4 Minuten lang, öffnen Sie dann die Heißluftfritteuse und stellen Sie die Auflaufform mit Öl und Knoblauch in den Korb neben der Garnelenpackung. Weitere 2 Minuten kochen. Übertragen Sie die Garnelen zum Dippen auf eine Servierplatte oder eine Auflaufform mit Knoblauch-Olivenöl-Beilage. Auf Wunsch können Sie auch Zitronenschnitze und Marinara-Sauce servieren.

Ernährung (für 100g): 264 Kalorien 21 g Fett 10 g Kohlenhydrate 16 g Protein 473 mg Natrium

Knusprige Pommes aus grünen Bohnen mit Zitronen-Joghurt-Sauce

Zubereitungszeit: 5 Minuten

Kochzeit: 5 Minuten

Portionen: 4

Schwierigkeit: Mittel

Zutaten:

- <u>Für die grünen Bohnen</u>
- 1 Ei
- 2 Esslöffel Wasser
- 1 Esslöffel Vollkornmehl
- ¼ Teelöffel Paprika
- ½ TL Knoblauchpulver
- ½ TL Salz
- ¼ Tasse Vollkornbrot
- ½ Pfund ganze grüne Bohnen
- <u>Für die Zitronen-Joghurt-Sauce</u>
- ½ Tasse fettfreier griechischer Naturjoghurt
- 1 Esslöffel Zitronensaft
- ¼ Teelöffel Salz
- 1/8 TL Cayennepfeffer

Richtung:

Um die grünen Bohnen zu machen

Luftfritteuse auf 380 ° F vorheizen.

In einer mittelgroßen Schüssel Ei und Wasser schaumig schlagen. In einer separaten mittelgroßen Schüssel Mehl, Paprikapulver, Knoblauchpulver und Salz verquirlen und dann die Semmelbrösel untermischen.

Sprühen Sie den Boden der Heißluftfritteuse mit Kochspray ein. Tauchen Sie jede grüne Bohne in die Eimischung, dann in die Semmelbröselmischung und bestreichen Sie die Außenseite mit den Krümeln. Legen Sie die grünen Bohnen in einer einzigen Schicht auf den Boden des Airfryer-Korbs.

5 Minuten in der Heißluftfritteuse braten, oder bis die Panade goldbraun ist.

Für die Zitronen-Joghurt-Sauce

Joghurt, Zitronensaft, Salz und Cayennepfeffer hinzufügen. Servieren Sie die Pommes zusammen mit der Zitronen-Joghurt-Sauce als Snack oder Vorspeise.

Ernährung (für 100g): 88 Kalorien 2 g Fett 10 g Kohlenhydrate 7 g Protein 697 mg Natrium

Hausgemachte Meersalz-Pita-Chips

Zubereitungszeit: 2 Minuten

Kochzeit: 8 Minuten

Portionen: 2

Schwierigkeit: Einfach

Zutaten:

- 2 helle Pita
- 1 Esslöffel Olivenöl
- ½ Teelöffel koscheres Salz

Richtungen

Luftfritteuse auf 360 ° F vorheizen. Jede Pita in 8 Keile schneiden. In einer mittelgroßen Schüssel die Pita-Keile, das Olivenöl und das Salz mischen, bis die Keile bedeckt sind und das Olivenöl und das Salz gleichmäßig verteilt sind.

Legen Sie die Pita-Scheiben in einer gleichmäßigen Schicht in den Airfryer-Korb und braten Sie sie 6 bis 8 Minuten lang.

Nach Belieben mit zusätzlichem Salz abschmecken. Alleine oder mit einem Lieblingsdip servieren.

Ernährung (für 100g): 230 Kalorien 8 g Fett 11 g Kohlenhydrate 6 g Protein 810 mg Natrium

Gebackener Spanakopita-Dip

Zubereitungszeit: 10 Minuten

Kochzeit: 15 Minuten

Portionen: 2

Schwierigkeit: Mittel

Zutaten:

- Olivenöl-Kochspray
- 3 Esslöffel Olivenöl, geteilt
- 2 Esslöffel fein gehackter Knoblauch
- 2 Knoblauchzehen, gehackt
- 4 dl frischer Spinat
- 4 Unzen Frischkäse, erweicht
- 4 Unzen Feta-Käse, geteilt
- Peel von 1 Zitrone
- ¼ Teelöffel gemahlene Muskatnuss
- 1 TL getrockneter Dill
- ½ TL Salz
- Fladenbrot, Karottensticks oder Schnittbrot zum Servieren (optional)

Richtungen:

Luftfritteuse auf 360 ° F vorheizen. Beschichten Sie die Innenseite einer 6-Zoll-Auflaufform oder Auflaufform mit Olivenöl-Kochspray.

In einer großen Pfanne bei mittlerer Hitze 1 Esslöffel Olivenöl erhitzen. Fügen Sie die Zwiebel hinzu und kochen Sie sie dann 1 Minute lang. Fügen Sie den Knoblauch hinzu und kochen Sie unter Rühren für eine weitere Minute.

Reduzieren Sie die Hitze und mischen Sie den Spinat und das Wasser. Kochen, bis der Spinat zusammengefallen ist. Bratpfanne vom Herd nehmen. In einer mittelgroßen Schüssel den Frischkäse, 60 g Feta-Käse und das restliche Olivenöl, die Zitronenschale, die Muskatnuss, den Dill und das Salz verquirlen. Mischen, bis gerade kombiniert.

Das Gemüse auf die Käsebasis geben und umrühren, bis es sich verbunden hat. Gießen Sie die Dip-Mischung in die vorbereiteten Auflaufförmchen und bedecken Sie sie mit den restlichen 2 Unzen Feta-Käse.

Den Dip in den Airfryer-Korb geben und 10 Minuten garen, oder bis er durchgewärmt ist und Blasen wirft. Mit Fladenbrot, Karottenstiften oder geschnittenem Brot servieren.

Ernährung (für 100g): 550 Kalorien 52 g Fett 21 g Kohlenhydrate 14 g Protein 723 mg Natrium

Gerösteter Perlzwiebel-Dip

Zubereitungszeit: 5 Minuten

Kochzeit: 12 Minuten plus 1 Stunde zum Kühlen

Portionen: 4

Schwierigkeit: Mittel

Zutaten:

- 2 dl geschälte Perlzwiebeln
- 3 Knoblauchzehen
- 3 Esslöffel Olivenöl, geteilt
- ½ TL Salz
- 1 Tasse fettarmer griechischer Naturjoghurt
- 1 Esslöffel Zitronensaft
- ¼ Teelöffel schwarzer Pfeffer
- 1/8 TL Paprikaflocken
- Fladenbrot, Gemüse oder Toast zum Servieren (optional)

Richtungen:

Luftfritteuse auf 360 ° F vorheizen. Kombinieren Sie in einer großen Schüssel Perlzwiebeln und Knoblauch mit 2 Esslöffeln Olivenöl, bis die Zwiebeln gut überzogen sind.

Die Knoblauch-Zwiebel-Mischung in den Airfryer-Korb geben und 12 Minuten rösten. Knoblauch und Zwiebel in eine Küchenmaschine geben. Pulsieren Sie das Gemüse mehrmals, bis die Zwiebeln gehackt sind, aber noch einige Stücke haben.

Knoblauch und Zwiebel und den restlichen 1 Esslöffel Olivenöl zusammen mit Salz, Joghurt, Zitronensaft, schwarzem Pfeffer und roten Paprikaflocken hineingeben. Vor dem Servieren mit Fladenbrot, Gemüse oder Toast 1 Stunde kühl stellen.

Ernährung (für 100g): 150 Kalorien 10 g Fett 6 g Kohlenhydrate 7 g Protein 693 mg Natrium

Rote Paprika-Tapenade

Zubereitungszeit: 5 Minuten

Kochzeit: 5 Minuten

Portionen: 4

Schwierigkeit: Mittel

Zutaten:

- 1 große rote Paprika
- 2 Esslöffel plus 1 Teelöffel Olivenöl
- ½ Tasse Kalamata-Oliven, entkernt und grob gehackt
- 1 Knoblauchzehe, fein gehackt
- ½ TL getrockneter Oregano
- 1 Esslöffel Zitronensaft

Richtungen:

Luftfritteuse auf 380 ° F vorheizen. Bürsten Sie die Außenseite einer ganzen roten Paprika mit 1 Teelöffel Olivenöl und legen Sie sie in den Heißluftfritteusenkorb. 5 Minuten braten. In der Zwischenzeit in einer mittelgroßen Schüssel die restlichen 2 Esslöffel Olivenöl mit Oliven, Knoblauch, Oregano und Zitronensaft vermischen.

Nimm die rote Paprika aus der Fritteuse, schneide dann vorsichtig den Stiel ab und entferne die Kerne. Die geröstete Paprika grob in kleine Stücke schneiden.

Füge Sie rote Paprika zur Olivenmischung hinzu und rühren Sie um, bis alles gut vermischt ist. Mit Fladenbrot, Crackern oder knusprigem Brot servieren.

Ernährung (für 100g): 104 Kalorien 10 g Fett 9 g Kohlenhydrate 1 g Protein 644 mg Natrium

Griechische Kartoffelschalen mit Oliven und Feta-Käse

Zubereitungszeit: 5 Minuten

Kochzeit: 45 Minuten

Portionen: 4

Schwierigkeit: Schwierig

Zutaten:

- 2 rotbraune Kartoffeln
- 3 Esslöffel Olivenöl
- 1 Teelöffel koscheres Salz, geteilt
- ¼ Teelöffel schwarzer Pfeffer
- 2 Esslöffel frischer Koriander
- ¼ Tasse Kalamata-Oliven, gewürfelt
- ¼ Tasse zerbröselter Feta-Käse
- Gehackte frische Petersilie zum Garnieren (optional)

Richtungen:

Luftfritteuse auf 380 ° F vorheizen. Mit einer Gabel 2 bis 3 Löcher in die Kartoffeln stechen, dann jeweils mit etwa ½ Esslöffel Olivenöl und ½ Teelöffel Salz bestreichen.

Legen Sie die Kartoffeln in den Airfryer-Korb und backen Sie sie 30 Minuten lang. Die Kartoffeln aus der Heißluftfritteuse nehmen und halbieren. Kratzen Sie das Fruchtfleisch mit einem Löffel von der

Kartoffel ab, lassen Sie eine ½-Zoll-Schicht Kartoffel in der Schale und legen Sie die Schale beiseite.

Kombinieren Sie in einer mittelgroßen Schüssel die geschöpften Kartoffeln mit den restlichen 2 Esslöffeln Olivenöl, ½ Teelöffel Salz, schwarzem Pfeffer und Koriander. Mischen, bis alles gut vermischt ist. Die Kartoffelfüllung auf die nun leeren Kartoffelschalen verteilen und gleichmäßig darauf verteilen. Jede Kartoffel mit einem Esslöffel Oliven und Feta-Käse belegen.

Legen Sie die geladenen Kartoffelschalen wieder in die Heißluftfritteuse und backen Sie sie 15 Minuten lang. Mit zusätzlichem gehacktem Koriander oder Petersilie und einem Spritzer Olivenöl servieren, falls gewünscht.

Ernährung (für 100g): 270 Kalorien 13 g Fett 34 g Kohlenhydrate 5 g Protein 672 mg Natrium

Fladenbrot mit Artischocken und Oliven

Zubereitungszeit: 5 Minuten

Kochzeit: 10 Minuten

Portionen: 4

Schwierigkeit: Einfach

Zutaten:

- 2 helle Pita
- 2 Esslöffel Olivenöl, geteilt
- 2 Knoblauchzehen, gehackt
- ¼ Teelöffel Salz
- ½ Tasse Artischockenherzen aus der Dose, in Scheiben geschnitten
- ¼ Tasse Kalamata-Oliven
- ¼ Tasse geriebener Parmesan
- ¼ Tasse zerbröselter Feta-Käse
- Gehackte frische Petersilie zum Garnieren (optional)

Richtungen:

Luftfritteuse auf 380 ° F vorheizen. Jede Pita mit 1 Esslöffel Olivenöl bestreichen, dann den gehackten Knoblauch und das Salz darüber streuen.

Artischockenherzen, Oliven und Käse gleichmäßig auf die beiden Pitas verteilen und beides für 10 Minuten in der Heißluftfritteuse backen. Entfernen Sie die Pitas und schneiden Sie sie vor dem Servieren in jeweils 4 Stücke. Nach Belieben Petersilie darüber streuen.

Ernährung (für 100g): 243 Kalorien 15 g Fett 10 g Kohlenhydrate 7 g Protein 644 mg Natrium

Mini Krabbenküchlein

Zubereitungszeit: 10 Minuten

Kochzeit: 10 Minuten

Portionen: 6

Schwierigkeit: Mittel

Zutaten:

- 8 Unzen Klumpen Krabbenfleisch
- 2 EL gewürfelte rote Paprika
- 1 Frühlingszwiebel, weiße Teile und grüne Teile, gewürfelt
- 1 Knoblauchzehe, fein gehackt
- 1 Esslöffel Kapern, gehackt
- 1 Esslöffel fettfreier griechischer Naturjoghurt
- 1 Ei, geschlagen
- ¼ Tasse Vollkornbrot
- ¼ Teelöffel Salz
- 1 Esslöffel Olivenöl
- 1 Zitrone, in Spalten geschnitten

Richtungen:

Luftfritteuse auf 360 ° F vorheizen. Krabben, Paprika, Frühlingszwiebeln, Knoblauch und Kapern in einer mittelgroßen Schüssel vermengen. Fügen Sie den Joghurt und das Ei hinzu. Rühren, bis es eingearbeitet ist. Semmelbrösel und Salz untermischen.

Die Mischung in 6 gleiche Teile teilen und zu Patties klopfen. Legen Sie die Krabbenfrikadellen separat in einer Schicht in den Airfryer-Korb. Bürsten Sie die Oberseite jedes Steaks mit etwas Olivenöl. 10 Minuten backen.

Die Krabbenfrikadellen aus der Heißluftfritteuse nehmen und mit Zitronenschnitzen an der Seite servieren.

Ernährung (für 100g): 87 Kalorien 4 g Fett 6 g Kohlenhydrate 9 g Protein 574 mg Natrium

Zucchini-Feta-Roulade

Zubereitungszeit: 10 Minuten

Kochzeit: 10 Minuten

Portionen: 6

Schwierigkeit: Mittel

Zutaten:

- ½ Tasse Feta-Käse
- 1 Knoblauchzehe, fein gehackt
- 2 Esslöffel frischer Basilikum, gehackt
- 1 Esslöffel Kapern, gehackt
- 1/8 TL Salz
- 1/8 TL Paprikaflocken
- 1 Esslöffel Zitronensaft
- 2 mittelgroße Zucchini
- 12 Zahnstocher

Richtungen:

Luftfritteuse auf 360 ° F vorheizen. (Wenn Sie ein Grillzubehör verwenden, stellen Sie sicher, dass es sich während des Vorheizens in der Heißluftfritteuse befindet.) Mischen Sie in einer kleinen Schüssel Fetakäse, Knoblauch, Basilikum, Kapern, Salz, Paprikaflocken und Zitronensaft.

Schneiden Sie die Zucchini der Länge nach in 1/8-Zoll-Streifen. (Jede Zucchini sollte etwa 6 Streifen ergeben.) 1 Esslöffel der

Käsefüllung auf jede Zucchinischeibe streichen, dann aufrollen und mit einem Zahnstocher in der Mitte fixieren.

Legen Sie die Zucchinirouladen einzeln in einer Schicht in den Heißluftfritteusenkorb. 10 Minuten in der Heißluftfritteuse backen oder grillen. Die Zucchinirouladen aus der Heißluftfritteuse nehmen und die Zahnstocher vor dem Servieren vorsichtig entfernen.

Ernährung (für 100g): 46 Kalorien 3 g Fett 6 g Kohlenhydrate 3 g Protein 710 mg Natrium

Quinoa-Pizza-Muffins

Zubereitungszeit: 15 Minuten

Kochzeit: 30 Minuten

Portionen: 4

Schwierigkeit: Einfach

Zutaten:

- 1 Tasse ungekochte Quinoa
- 2 große Eier
- ½ mittlere Zwiebel, gewürfelt
- 1 Tasse gewürfelte Paprika
- 1 dl geriebener Mozzarella-Käse
- 1 EL getrocknetes Basilikum
- 1 EL getrockneter Oregano
- 2 TL Knoblauchpulver
- 1/8 TL Salz
- 1 TL zerstoßener roter Pfeffer
- ½ Tasse geröstete rote Paprika, gehackt*
- Pizzasauce, etwa 1-2 Tassen

Richtungen:

Ofen auf 350oF vorheizen. Quinoa nach Anleitung kochen. Alle Zutaten (außer Sauce) in einer Schüssel vermischen. Alle Zutaten gut vermischen.

Die Quinoa-Pizza-Mischung gleichmäßig in die Muffinform gießen. Ergibt 12 Muffins. 30 Minuten backen, bis die Muffins eine goldene Farbe haben und die Ränder knusprig sind.

Mit 1 oder 2 Esslöffeln Pizzasauce toppen und genießen!

Ernährung (für 100g): 303 Kalorien 6,1 g Fett 41,3 g Kohlenhydrate 21 g Protein 694 mg Natrium

Rosmarin-Walnuss-Laibbrot

Zubereitungszeit: 5 Minuten

Kochzeit: 45 Minuten

Portionen: 8

Schwierigkeit: Schwierig

Zutaten:

- ½ Tasse gehackte Walnüsse
- 4 Esslöffel frischer, gehackter Rosmarin
- 1 1/3 dl lauwarmes Wasser mit Kohlensäure
- 1 Esslöffel Honig
- ½ Tasse natives Olivenöl extra
- 1 TL Apfelessig
- 3 Eier
- 5 Teelöffel Instant-Trockenhefe-Granulat
- 1 TL Salz
- 1 Esslöffel Xanthangummi
- ¼ Tasse Buttermilchpulver
- 1 Tasse weißes Reismehl
- 1 Tasse Tapiokastärke
- 1 dl Pfeilwurzstärke
- 1 ¼ Tassen Allzweck-Bob's Red Mill glutenfreie Mehlmischung

Richtungen:

Eier in einer großen Schüssel gut verquirlen. Fügen Sie 1 Tasse warmes Wasser, Honig, Olivenöl und Essig hinzu.

Die restlichen Zutaten außer Rosmarin und Walnüssen unter ständigem Rühren mischen.

Schlag weiter. Sollte der Teig zu fest sein, etwas warmes Wasser einrühren. Der Teig sollte rau und dick sein.

Dann Rosmarin und Walnüsse beigeben, weiter kneten, bis alles gleichmäßig verteilt ist.

Die Teigschüssel mit einem sauberen Tuch abdecken, an einen warmen Ort stellen und 30 Minuten gehen lassen.

Nach 15 Minuten der Gehzeit den Ofen auf 400oF vorheizen.

Fetten Sie einen 2-Liter-Schmortopf großzügig mit Olivenöl ein und heizen Sie ihn im Ofen ohne Deckel vor.

Sobald der Teig aufgegangen ist, die Pfanne aus dem Ofen nehmen und den Teig hineinlegen. Mit einem feuchten Spatel die Oberseite des Teigs gleichmäßig in der Pfanne verteilen.

Die Oberseite des Brotes mit 2 Esslöffeln Olivenöl bestreichen, den Schmortopf abdecken und 35 bis 45 Minuten backen. Wenn das Brot fertig ist, nehmen Sie es aus dem Ofen. Und das Brot vorsichtig aus dem Topf nehmen. Lassen Sie das Brot mindestens zehn Minuten abkühlen, bevor Sie es anschneiden. Servieren und genießen.

Ernährung (für 100g): 424 Kalorien 19 g Fett 56,8 g Kohlenhydrate 7 g Protein 844 mg Natrium

Leckere Crabby-Panini

Zubereitungszeit: 5 Minuten

Kochzeit: 10 Minuten

Portionen: 4

Schwierigkeit: Einfach

Zutaten:

- 1 Esslöffel Olivenöl
- Französisches Brot geteilt und diagonal geschnitten
- 1 Pfund. Garnelen Krabbe
- ½ Tasse Sellerie
- ¼ Tasse gehackte Frühlingszwiebeln
- 1 TL Worcestersauce
- 1 Teelöffel Zitronensaft
- 1 EL Dijon-Senf
- ½ Tasse leichte Mayonnaise

Richtungen:

Mischen Sie in einer mittelgroßen Schüssel Folgendes gründlich: Sellerie, Zwiebel, Worcestershire, Zitronensaft, Senf und Mayonnaise. Mit Pfeffer und Salz würzen. Dann Mandeln und Krabben vorsichtig hinzufügen.

Olivenöl auf die geschnittenen Brotseiten streichen und mit der Krabbenmischung bestreichen, bevor Sie sie mit einer weiteren Brotscheibe bedecken.

Das Sandwich in einer Paninipresse grillen, bis das Brot knusprig und eckig ist.

Ernährung (für 100g): 248 Kalorien 10,9 g Fett 12 g Kohlenhydrate 24,5 g Protein 845 mg Natrium

Perfekte Pizza und Gebäck

Vorbereitungszeit: 35 Minuten

Kochzeit: 15 Minuten

Portionen: 10

Schwierigkeit: Schwierig

Zutaten:

- <u>Für den Pizzateig:</u>
- 2 Teelöffel Honig
- 1/4-oz. Trockenhefe
- 11/4 Tassen heißes Wasser (ca. 120 ° F)
- 2 EL Olivenöl
- 1 TL Meersalz
- 3 Tassen Vollkornmehl + 1/4 Tasse, je nach Bedarf zum Rollen
- <u>Für den Pizzabelag:</u>
- 1 Tasse Pesto-Sauce
- 1 Tasse Artischockenherzen
- 1 Tasse welken Spinat
- 1 Tasse sonnengetrocknete Tomate
- 1/2 Tasse Kalamata-Oliven
- 4 Unzen. Feta Käse
- 4 Unzen. gemischter Käse aus gleichen Teilen fettarmer Mozzarella, Asiago und Provolone-Olivenöl
- <u>Optionale Beläge:</u>

- Pfeffer
- Hühnerbrust, Streifen Frischer Basilikum
- Zapfen

Richtungen:

Für den Pizzateig:

Heizen Sie Ihren Ofen auf 350 ° F vor.

Rühren Sie Honig und Hefe in das warme Wasser Ihrer Küchenmaschine mit Teigaufsatz. Mischen Sie die Mischung, bis sie vollständig vermischt ist. Lassen Sie die Mischung 5 Minuten ruhen, um die Aktivität der Hefe durch das Auftreten von Blasen auf der Oberfläche sicherzustellen.

Gießen Sie das Olivenöl hinein. Fügen Sie das Salz hinzu und mischen Sie es eine halbe Minute lang. Fügen Sie nach und nach 3 Tassen Mehl hinzu, jeweils etwa eine halbe Tasse, und mischen Sie zwischen jeder Zugabe einige Minuten lang.

Lassen Sie die Mischung 10 Minuten lang kneten, bis sie glatt und elastisch ist, und bestäuben Sie sie nach Bedarf mit Mehl, um zu verhindern, dass der Teig an den Oberflächen der Schüssel der Maschine kleben bleibt.

Den Teig aus der Schüssel nehmen. 15 Minuten einwirken lassen, bedeckt mit einem feuchten, warmen Handtuch.

Rollen Sie den Teig etwa einen halben Zentimeter dick aus und bestäuben Sie ihn nach Bedarf mit Mehl. Den Teig wahllos mit einer Gabel einstechen, damit die Kruste keine Blasen bildet.

Den gelochten, ausgerollten Teig auf einen Pizzastein oder ein Backblech legen. 5 Minuten backen.

Für den Pizzabelag:

Den gebackenen Pizzaboden leicht mit Olivenöl bepinseln.

Gießen Sie die Pesto-Sauce darüber und verteilen Sie sie gleichmäßig auf der Oberfläche des Pizzabodens. Lassen Sie am Rand einen halben Zoll Platz als Boden.

Die Pizza mit Artischockenherzen, welken Blattspinat, sonnengetrockneten Tomaten und Oliven belegen. (Nach Belieben mit weiteren Toppings belegen.) Bedecken Sie die Oberseite mit dem Käse.

Legen Sie die Pizza direkt auf den Ofenrost. 10 Minuten backen, bis der Käse Blasen wirft und von der Mitte bis zum Ende schmilzt. Pizza vor dem Anschneiden 5 Minuten abkühlen lassen.

Ernährung (für 100g): 242,8 Kalorien 15,1 g Fett 15,7 g Kohlenhydrate 14,1 g Protein 942 mg Natrium

Mediterranes Modell Margherita

Zubereitungszeit: 15 Minuten

Kochzeit: 15 Minuten

Portionen: 10

Schwierigkeit: Schwierig

Zutaten:

- 1-Set Pizzaschieber
- 2 EL Olivenöl
- 1/2 Tasse zerdrückte Tomaten
- 3-Roma-Tomaten, in Scheiben geschnitten 1/4 Zoll dick
- 1/2 Tasse frische Basilikumblätter, in dünne Scheiben geschnitten
- 6 Unzen. Blockmozzarella, in 1/4-Zoll-Scheiben schneiden, mit einem Papiertuch trocken tupfen
- 1/2 TL Meersalz

Richtungen:

Heizen Sie Ihren Ofen auf 450 ° F vor.

Den Pizzaboden leicht mit Olivenöl bepinseln. Verteilen Sie die zerkleinerten Tomaten vorsichtig auf dem Pizzaboden und lassen Sie am Rand einen halben Zoll Platz als Boden.

Die Pizza mit römischen Tomatenscheiben, Basilikumblättern und Mozzarellascheiben belegen. Salz über die Pizza streuen.

Legen Sie die Pizza direkt auf den Ofenrost. Backen, bis der Käse von der Mitte bis zur Kruste schmilzt. Vor dem Schneiden beiseite stellen.

Ernährung (für 100g): 251 Kalorien 8 g Fett 34 g Kohlenhydrate 9 g Protein 844 mg Natrium

Tragbare verpackte Picknickteile

Zubereitungszeit: 5 Minuten

Kochzeit: 0 Minuten

Portionen: 1

Schwierigkeit: Einfach

Zutaten:

- 1 Scheibe Vollkornbrot, in mundgerechte Stücke geschnitten
- 10 Kirschtomaten
- 1/4-oz. gereifter Käse, in Scheiben geschnitten
- 6 ölgetrocknete Oliven

Richtungen:

Packen Sie jede der Zutaten in einen tragbaren Behälter, um sie unterwegs zu servieren.

Ernährung (für 100g):197 Kalorien 9 g Fett 22 g Kohlenhydrate 7 g Protein 499 mg Natrium

Frittata gefüllt mit pikanten Zucchini-Tomaten-Toppings

Zubereitungszeit: 10 Minuten

Kochzeit: 15 Minuten

Portionen: 4

Schwierigkeit: Einfach

Zutaten:

- 8 Eier
- 1/4 Teelöffel roter Pfeffer, zerdrückt
- 1/4 Teelöffel Salz
- 1 Esslöffel Olivenöl
- 1 kleine Zucchini, längs in dünne Scheiben geschnitten
- 1/2 Tasse rote oder gelbe Kirschtomaten, halbiert
- 1/3 Tasse Walnüsse, grob gehackt
- 2 Unzen. ziemlich große frische Mozzarella-Kugeln (Bocconcini)

Richtungen:

Heize deinen Grill vor. In der Zwischenzeit Eier, zerkleinerte rote Paprika und Salz in einer mittelgroßen Schüssel verquirlen. Beiseite legen.

In einer 10-Zoll-Bratrostpfanne bei mittlerer Hitze das Olivenöl erhitzen. Legen Sie die Zucchinischeiben in einer gleichmäßigen

Schicht auf den Boden der Bratpfanne. 3 Minuten garen, dabei nach der Hälfte einmal wenden.

Kirschtomaten auf die Zucchinischicht geben. Die Eiermasse über das Gemüse in der Pfanne gießen. Mit Walnüssen und Mozzarellakugeln toppen.

Auf mittlere Hitze umschalten. Kochen, bis die Seiten beginnen fest zu werden. Heben Sie die Frittata mit einem Pfannenwender an, sodass die ungekochten Teile der Eimasse darunter laufen.

Stellen Sie die Bratpfanne auf den Grill. Braten Sie die Frittata 4 Zoll von der Hitze für 5 Minuten, bis die Oberseite fest ist. Zum Servieren die Frittata in Spalten schneiden.

Ernährung (für 100g): 284 Kalorien 14 g Fett 4 g Kohlenhydrate 17 g Protein 788 mg Natrium

Bananen-Sauerrahm-Brot

Zubereitungszeit: 10 Minuten

Kochzeit: 1 Stunde 10 Minuten

Portionen: 32

Schwierigkeit: Mittel

Zutaten:

- Weißer Zucker (0,25 Tassen)
- Zimt (1 TL + 2 TL)
- Butter (.75)
- Weißer Zucker (3 Tassen)
- Eier (3)
- Sehr reife Bananen, püriert (6)
- Sauerrahm (16 oz. Behälter)
- Vanilleextrakt (2 TL)
- Salz (0,5 TL)
- Backpulver (3 TL)
- Allzweckmehl (4,5 Tassen)
- Optional: gehackte Walnüsse (1 Tasse)
- Außerdem benötigt: 4 - 7 x 3-Zoll-Laibpfannen

Richtungen:

Stellen Sie den Ofen auf 300 ° Fahrenheit ein. Die Brotformen einfetten.

Den Zucker und einen Teelöffel Zimt sieben. Bestäube die Pfanne mit der Mischung.

Die Butter mit dem restlichen Zucker schaumig schlagen. Bananen mit Eiern, Zimt, Vanille, Sauerrahm, Salz, Backpulver und Mehl pürieren. Die Nüsse zuletzt unterheben.

Gießen Sie die Mischung in die Pfannen. Backen Sie es für eine Stunde. Aufschlag

Ernährung (für 100g): 263 Kalorien 10,4 g Fett 9 g Kohlenhydrate 3,7 g Protein 633 mg Natrium

Hausgemachtes Fladenbrot

Zubereitungszeit: 15 Minuten

Kochzeit: 5 Stunden (einschließlich Anstiegszeiten)

Portionen: 7

Schwierigkeit: Schwierig

Zutaten:

- Trockenhefe (0,25 Unzen)
- Zucker (0,5 TL)
- Brotmehl/Mischung aus Allzweck- und Vollkorn (2,5 Tassen + mehr für Staub)
- Salz (0,5 TL)
- Wasser (0,25 Tasse oder nach Bedarf)
- Öl wie benötigt

Richtungen:

Hefe und Zucker in ¼ Tasse lauwarmem Wasser in einer kleinen Rührschüssel auflösen. Etwa 15 Minuten warten (fertig, wenn es schaumig ist).

Mehl und Salz in einen anderen Behälter sieben. Machen Sie ein Loch in der Mitte und fügen Sie die Hefemischung (+) eine Tasse Wasser hinzu. Den Teig kneten.

Legen Sie es auf eine leicht bemehlte Oberfläche und kneten Sie es.

Geben Sie einen Tropfen Öl auf den Boden einer großen Schüssel und rollen Sie den Teig darin, um die Oberfläche zu bedecken.

Legen Sie ein feuchtes Küchentuch über den Teigbehälter. Wickeln Sie die Schüssel in ein feuchtes Tuch und stellen Sie sie für mindestens zwei Stunden oder über Nacht an einen warmen Ort. (Der Teig wird doppelt so groß).

Den Teig durchkneten und das Brot kneten und in kleine Kugeln teilen. Die Kugeln zu dicken ovalen Scheiben flachdrücken.

Bestäuben Sie ein Küchentuch mit dem Mehl und legen Sie die ovalen Scheiben darauf und lassen Sie genug Platz, um sich zwischen ihnen auszudehnen. Mit Mehl bestäuben und ein weiteres sauberes Tuch darüber legen. Noch ein bis zwei Stunden gären lassen.

Stellen Sie den Ofen auf 425 ° Fahrenheit ein. Mehrere Backbleche kurz in den Ofen stellen und erhitzen. Fetten Sie die erhitzten Backbleche leicht mit Öl ein und legen Sie die ovalen Brotscheiben darauf.

Besprühen Sie die Ovale leicht mit Wasser und backen Sie sie, bis sie leicht gebräunt sind, oder sechs bis acht Minuten lang.

Servieren Sie sie, während sie heiß sind. Legen Sie die Fladenbrote auf ein Gitter und wickeln Sie sie in ein sauberes, trockenes Tuch, damit sie bis später weich bleiben.

Ernährung (für 100g): 210 Kalorien 4 g Fett 6 g Kohlenhydrate 6 g Protein 881 mg Natrium

Dünne Brotsandwiches

Zubereitungszeit: 10 Minuten

Kochzeit: 20 Minuten

Portionen: 6

Schwierigkeit: Einfach

Zutaten:

- Olivenöl (1 EL)
- 7-Korn-Pilaw (8,5 Unzen Pkg.)
- Englische kernlose Gurke (1 Tasse)
- Samentomate (1 Tasse)
- Zerkrümelter Feta-Käse (0,25 dl)
- Frischer Zitronensaft (2 EL)
- Frisch gemahlener schwarzer Pfeffer (0,25 TL)
- Einfacher Hummus (7 oz. Behälter)
- Weiße Fladenbrot-Wraps aus Vollkornweizen (jeweils 3 x 2,8 Unzen)

Richtungen:

Den Pilaw nach Packungsanweisung zubereiten und abkühlen lassen.

Tomate, Gurke, Käse, Öl, Pfeffer und Zitronensaft hacken und mischen. Den Pilaw unterheben.

Bereiten Sie Wraps mit Hummus auf einer Seite zu. Den Pilaw hineingeben und unterheben.

In ein Sandwich schneiden und servieren.

Ernährung (für 100g): 310 Kalorien 9 g Fett 8 g Kohlenhydrate 10 g Protein 745 mg Natrium

Mezze-Teller mit geröstetem Zaatar-Pita-Brot

Zubereitungszeit: 10 Minuten

Kochzeit: 10 Minuten

Portionen: 4

Schwierigkeit: Mittel

Zutaten:

- Höllenfladenbrot (4 Stück)
- Olivenöl (4 EL)
- Zaatar (4 Teelöffel)
- Griechischer Joghurt (1 Tasse)
- Schwarzer Pfeffer & koscheres Salz (nach Geschmack)
- Hummus (1 Tasse)
- Marinierte Artischockenherzen (1 Tasse)
- Gemischte Oliven (2 Tassen)
- In Scheiben geschnittene geröstete rote Paprika (1 Tasse)
- Kirschtomaten (2 dl)
- Salami (4 Unzen)

Richtungen:

Verwenden Sie mittlere Hitze, um eine große Pfanne zu erhitzen.

Das Fladenbrot auf jeder Seite leicht mit Öl bestreichen und Zaatar zum Würzen hinzufügen.

Portionsweise zubereiten, indem die Fladenbrote in eine Pfanne gegeben und geröstet werden, bis sie gebräunt sind. Es sollte ungefähr zwei Minuten auf jeder Seite dauern. Schneiden Sie jede der Pitas in Viertel.

Den Joghurt mit Pfeffer und Salz abschmecken.

Zum Anrichten die Kartoffeln teilen und Hummus, Joghurt, Artischockenherzen, Oliven, rote Paprika, Tomaten und Salami hinzufügen.

Ernährung (für 100g): 731 Kalorien 48 g Fett 10 g Kohlenhydrate 26 g Protein 632 mg Natrium

Mini-Huhn-Shawarma

Zubereitungszeit: 10 Minuten

Kochzeit: 1 Stunde 15 Minuten

Portionen: 8

Schwierigkeit: Einfach

Zutaten:

- <u>Das Huhn:</u>
  - Hühnchen-Tender (1 Pfund)
  - Olivenöl (0,25 Tasse)
  - Zitrone - Schale und Saft (1)
  - Kreuzkümmel (1 TL)
  - Knoblauchpulver (2 TL)
  - Geräucherter Paprika (0,5 TL)
  - Koriander (0,75 TL)
  - Frisch gemahlener schwarzer Pfeffer (1 TL)
- <u>Die Soße:</u>
  - Griechischer Joghurt (1,25 Tassen)
  - Zitronensaft (1 EL)
  - Geriebene Knoblauchzehe (1)
  - Frisch gehackter Dill (2 EL)
  - Schwarzer Pfeffer (0,125 TL/nach Geschmack)
  - Koscheres Salz (optional)
  - Gehackte frische Petersilie (0,25 dl)
  - Rote Zwiebel (die Hälfte von 1)

- Römersalat (4 Blätter)
- Englische Gurke (Hälfte von 1)
- Tomaten (2)
- Mini-Fladenbrot (16)

Richtungen:

Werfen Sie das Huhn in einen Reißverschlussbeutel. Die Hühnchenfixierungen verquirlen und in den Beutel geben, um sie bis zu einer Stunde zu marinieren.

Bereiten Sie die Sauce zu, indem Sie Saft, Knoblauch und Joghurt in einer Rührschüssel mischen. Dill, Petersilie, Pfeffer und Salz unterrühren. In den Kühlschrank stellen.

Eine Bratpfanne auf mittlerer Stufe erhitzen. Über das Hähnchen aus der Marinade gießen (Überschuss abtropfen lassen).

Garen, bis es durchgegart ist oder etwa vier Minuten pro Seite. Schneiden Sie es in mundgerechte Streifen.

Gurke und Zwiebel in dünne Scheiben schneiden. Den Salat zerkleinern und die Tomaten würfeln. Stellen Sie die Pitas zusammen und fügen Sie sie hinzu - das Huhn, den Salat, die Zwiebel, die Tomate und die Gurke.

Ernährung (für 100g): 216 Kalorien 16 g Fett 9 g Kohlenhydrate 9 g Protein 745 mg Natrium

Auberginen-Pizza

Zubereitungszeit: 10 Minuten

Kochzeit: 30 Minuten

Portionen: 6

Schwierigkeit: Mittel

Zutaten:

- Aubergine (1 große oder 2 mittlere)
- Olivenöl (0,33 Tassen)
- Schwarzer Pfeffer & Salz (nach Belieben)
- Marinara-Sauce - Gekauft/Hausgemacht (1,25 Tassen)
- Geriebener Mozzarella-Käse (1,5 dl)
- Kirschtomaten (2 Tassen - halbiert)
- zerrissene Basilikumblätter (0,5 Tasse)

Richtungen:

Heizen Sie den Ofen auf 400 ° Fahrenheit vor. Bereiten Sie das Backblech mit einer Lage Backpapier vor.

Das/die Ende(n) der Aubergine in Scheiben schneiden und in ¾-Zoll-Scheiben schneiden. Die Scheiben auf dem vorbereiteten Blech anrichten und von beiden Seiten mit Olivenöl bepinseln. Mit Pfeffer und Salz nach Belieben bestreuen.

Braten Sie die Auberginen weich (10 bis 12 Min.).

Nehmen Sie das Blech aus dem Ofen und geben Sie zwei Esslöffel Sauce auf jeden Abschnitt. Mit Mozzarella und drei bis fünf Tomatenstücken belegen.

backen, bis der Käse schmilzt. Die Tomaten sollten nach weiteren fünf bis sieben Minuten anfangen, Blasen zu bilden.

Nehmen Sie das Blech aus dem Ofen. Mit Basilikum servieren und garnieren.

Ernährung (für 100g): 257 Kalorien 20 g Fett 11 g Kohlenhydrate 8 g Protein 789 mg Natrium

Mediterrane Vollkornpizza

Zubereitungszeit: 10 Minuten

Kochzeit: 25 Minuten

Portionen: 4

Schwierigkeit: Einfach

Zutaten:

- Höllenpizzakruste (1)
- Basilikumpesto (4 oz Glas)
- Artischockenherzen (0,5 Tasse)
- Kalamata-Oliven (2 EL)
- Pepperoncini (2 EL abgetropft)
- Feta-Käse (0,25 Tasse)

Richtungen:

Programmieren Sie den Ofen auf 450 ° Fahrenheit.

Artischocken abtropfen lassen und in Stücke reißen. Pepperoncini und Oliven in Scheiben schneiden/hacken.

Den Pizzaboden auf eine bemehlte Arbeitsfläche legen und mit Pesto bedecken. Artischocke, Peperoncini-Scheiben und Oliven auf die Pizza legen. Zum Schluss zerkrümeln und den Feta-Käse hinzufügen.

10-12 Minuten backen. Aufschlag.

Ernährung (für 100g): 277 Kalorien 18,6 g Fett 8 g Kohlenhydrate 9,7 g Protein 841 mg Natrium

Spinat-Feta-Pita-Auflauf

Zubereitungszeit: 5 Minuten

Kochzeit: 22 Minuten

Portionen: 6

Schwierigkeit: Schwierig

Zutaten:

- Sonnengetrocknetes Tomatenpesto (6 oz. Wanne)
- Roma - Eiertomaten (2 gehackt)
- Höllen-Pita-Brot (sechs 6-Zoll)
- Spinat (1 Bund)
- Champignons (4 Scheiben)
- geriebener Parmesankäse (2 EL)
- Zerbröckelter Feta-Käse (0,5 dl)
- Olivenöl (3 EL)
- Schwarzer Pfeffer (nach Belieben)

Richtungen:

Ofen auf 350° Fahrenheit einstellen.

Streichen Sie das Pesto auf eine Seite jedes Fladenbrots und legen Sie es mit der Pesto-Seite nach oben auf ein Backblech.

Den Spinat waschen und hacken. Die Pitas mit Spinat, Pilzen, Tomaten, Feta-Käse, Pfeffer, Parmesankäse, Pfeffer und einem Spritzer Öl garnieren.

Im heißen Ofen backen, bis das Fladenbrot knusprig ist (12 Min.). Pitas vierteln.

Ernährung (für 100g): 350 Kalorien 17,1 g Fett 9 g Kohlenhydrate 11,6 g Protein 712 mg Natrium

Wassermelonen-Feta & Balsamico-Pizza

Zubereitungszeit: 10 Minuten

Kochzeit: 15 Minuten

Portionen: 4

Schwierigkeit: Einfach

Zutaten:

- Wassermelone (1 Zoll dick von der Mitte)
- Zerbröckelter Feta-Käse (1 Unze)
- Geschnittene Kalamata-Oliven (5-6)
- Minzblätter (1 TL)
- Balsamico-Glasur (0,5 EL)

Richtungen:

Schneiden Sie den breitesten Teil der Wassermelone in zwei Hälften. Dann jede Hälfte in vier Keile schneiden.

In einer runden Kuchenform wie eine Pizzarunde servieren und mit Oliven, Käse, Minzblättern und Glasur bedecken.

Ernährung (für 100g): 90 Kalorien 3 g Fett 4 g Kohlenhydrate 2 g Protein 761 mg Natrium

Burger mit gemischten Gewürzen

Zubereitungszeit: 10 Minuten

Kochzeit: 30 Minuten

Portionen: 6

Schwierigkeit: Mittel

Zutaten:

- Mittlere Zwiebel (1)
- Frische Petersilie (3 EL)
- Knoblauchzehe (1)
- Gemahlener Piment (0,75 TL)
- Pfeffer (0,75 TL)
- Gemahlene Muskatnuss (0,25 TL)
- Zimt (0,5 TL)
- Salz (0,5 TL)
- Frische Minze (2 EL)
- 90 % mageres Rinderhackfleisch (1,5 lb.)
- Optional: Kalte Tzatziki-Sauce

Richtungen:

Petersilie, Minze, Knoblauch und Zwiebel fein hacken/hacken.

Muskatnuss, Salz, Zimt, Pfeffer, Piment, Knoblauch, Minze, Petersilie und Zwiebel unterrühren.

Fügen Sie das Rindfleisch hinzu und bereiten Sie sechs (6) 2x4-Zoll-Pastetchen vor.

Verwenden Sie die mittlere Temperatureinstellung, um die Steaks zu grillen, oder braten Sie sie 10 cm von der Hitze entfernt für 6 Minuten pro Seite an.

Wenn sie fertig sind, zeigt das Fleischthermometer 160° Fahrenheit an. Nach Belieben mit der Soße servieren.

Ernährung (für 100g): 231 Kalorien 9 g Fett 10 g Kohlenhydrate 32 g Protein 811 mg Natrium

Prosciutto - Kopfsalat - Tomate-Avocado-Sandwiches

Zubereitungszeit: 10 Minuten

Kochzeit: 10 Minuten

Portionen: 4

Schwierigkeit: Einfach

Zutaten:

- Prosciutto (2 Unzen/8 dünne Scheiben)
- Reife Avocado (1 halbiert)
- Römersalat (4 ganze Blätter)
- Große reife Tomate (1)
- Vollkorn- oder Vollkornbrotscheiben (8 Stück)
- Schwarzer Pfeffer und koscheres Salz (0,25 TL)

Richtungen:

Reißen Sie die Salatblätter in acht Stücke (insgesamt). Schneiden Sie die Tomate in acht Scheiben. Das Brot toasten und auf einem Teller anrichten.

Das Avocadofleisch von der Haut kratzen und in eine Rührschüssel geben. Bestäuben Sie es leicht mit Pfeffer und Salz. Die Avocado vorsichtig verquirlen oder pürieren, bis sie cremig ist. Auf dem Brot verteilen.

Mach ein Sandwich. Haben Sie eine Scheibe Avocado-Toast; Mit einem Salatblatt, einer Scheibe Prosciutto und einer Tomatenscheibe belegen. Mit einer weiteren Scheibe Salattomate belegen und fortfahren.

Wiederholen Sie den Vorgang, bis alle Zutaten aufgebraucht sind.

Ernährung (für 100g): 240 Kalorien 9 g Fett 8 g Kohlenhydrate 12 g Protein 811 mg Natrium

Spinatauflauf

Zubereitungszeit: 10 Minuten

Kochzeit: 60 Minuten

Portionen: 6

Schwierigkeit: Mittel

Zutaten:

- Geschmolzene Butter (0,5 Tasse)
- Gefrorener Spinat (10 Unzen Pkg.)
- Frische Petersilie (0,5 Tasse)
- Frühlingszwiebeln (0,5 Tasse)
- Frischer Dill (0,5 Tasse)
- Zerbröckelter Feta-Käse (0,5 dl)
- Frischkäse (4 Unzen)
- Hüttenkäse (4 Unzen)
- Parmesan (2 EL - gerieben)
- Große Eier (2)
- Pfeffer und Salz (nach Belieben)
- Filo (40 Blatt)

Richtungen:

Erhitzen Sie die Ofeneinstellung auf 350 ° Fahrenheit.

Zwiebel, Dill und Petersilie hacken/hacken. Tauen Sie den Spinat und das Gebäck auf. Den Spinat durch Drücken trocken tupfen.

Spinat, Frühlingszwiebeln, Eier, Käse, Petersilie, Dill, Pfeffer und Salz in einem Mixer cremig mixen.

Bereiten Sie die kleinen Filo-Dreiecke vor, indem Sie sie mit einem Teelöffel der Spinatmischung füllen.

Die Dreiecke außen leicht mit Butter bestreichen und mit der Naht nach unten auf ein ungefettetes Backblech legen.

Im vorgeheizten Ofen backen, bis sie goldbraun und aufgeblasen sind (20-25 Min.). Heiß servieren.

Ernährung (für 100g): 555 Kalorien 21,3 g Fett 15 g Kohlenhydrate 18,1 g Protein 681 mg Natrium

Fetter Hühnerburger

Zubereitungszeit: 10 Minuten
Kochzeit: 30 Minuten
Portionen: 6
Schwierigkeit: Mittel

Zutaten:

- ¼ Tasse fettreduzierte Mayonnaise
- ¼ Tasse fein gehackte Gurke
- ¼ TL schwarzer Pfeffer
- 1 TL Knoblauchpulver
- ½ Tasse gehackte geröstete süße rote Paprika
- ½ TL griechische Gewürze
- 1,5 Pfund. Mageres Hackfleisch
- 1 dl zerbröselter Feta-Käse
- 6 Vollkornburger

Richtungen:

Den Grill im Ofen vorheizen. Mayonnaise und Gurke mischen. Beiseite legen.

Kombinieren Sie alle Gewürze und Paprika mit den Burgern. Huhn und Käse gut vermischen. Aus der Mischung 6 ½ Zoll dicke Patties formen.

Braten Sie die Hamburger in einem Grill und platzieren Sie sie etwa vier Zentimeter von der Hitzequelle entfernt. Kochen, bis das Thermometer 165 ° Fahrenheit erreicht.

Mit Brötchen und Gurkensauce servieren. Nach Belieben mit Tomaten und Salat garnieren und servieren.

Ernährung (für 100g): 356 Kalorien 14 g Fett 10 g Kohlenhydrate 31 g Protein 691 mg Natrium

Schweinebraten für Tacos

Zubereitungszeit: 10 Minuten

Kochzeit: 1 Stunde 15 Minuten

Portionen: 6

Schwierigkeit: Mittel

Zutaten:

- Schweinebraten (4 Pfund)
- Gewürfelte grüne Chili (2-4 oz. Dosen)
- Chilipulver (0,25 Tasse)
- Getrockneter Oregano (1 TL)
- Taco-Gewürz (1 TL)
- Knoblauch (2 TL)
- Salz (1,5 TL oder nach Belieben)

Richtungen:

Stellen Sie den Ofen auf 300 ° Fahrenheit ein.

Legen Sie den Braten auf ein großes Stück Alufolie.

Chili abtropfen lassen. Den Knoblauch fein hacken.

Grünen Chili, Taco-Gewürz, Chilipulver, Oregano und Knoblauch mischen. Reiben Sie die Mischung über den Braten und bedecken Sie ihn mit einer Schicht Folie.

Legen Sie das eingewickelte Schweinefleisch auf ein Gestell auf einem Backblech, um eventuelle Lecks aufzufangen.

3,5 bis 4 Stunden im heißen Ofen backen, bis es auseinander fällt. Kochen, bis die Mitte mindestens 145 ° Fahrenheit erreicht, wenn sie mit einem Fleischthermometer (Innentemperatur) getestet wird.

Übertragen Sie den Braten auf einen Hackblock, um ihn mit zwei Gabeln in kleine Stücke zu zerkleinern. Nach Belieben würzen.

Ernährung (für 100g): 290 Kalorien 17,6 g Fett 12 g Kohlenhydrate 25,3 g Protein 471 mg Natrium

Italienischer Apfel - Olivenölkuchen

Zubereitungszeit: 10 Minuten

Kochzeit: 1 Stunde 10 Minuten

Portionen: 12

Schwierigkeit: Mittel

Zutaten:

- Galaäpfel (2 große)
- Orangensaft - zum Einweichen von Äpfeln
- Allzweckmehl (3 Tassen)
- Zimt gemahlen (0,5 TL)
- Muskatnuss (0,5 TL)
- Backpulver (1 TL)
- Backpulver (1 TL)
- Zucker (1 Tasse)
- Olivenöl (1 Tasse)
- Große Eier (2)
- Goldene Rosine (0,66 Tasse)
- Puderzucker - zum Bestäuben
- Außerdem benötigt: 9-Zoll-Backform

Richtungen:

Die Äpfel schälen und fein hacken. Die Äpfel mit ausreichend Orangensaft beträufeln, damit sie nicht braun werden.

Die Rosinen 15 Minuten in warmem Wasser einweichen und gut abtropfen lassen.

Backpulver, Mehl, Backpulver, Zimt und Muskat sieben. Legen Sie es vorerst beiseite.

Gießen Sie das Olivenöl und den Zucker in die Schüssel eines Stabmixers. 2 Minuten lang auf niedriger Stufe mixen oder bis alles gut vermischt ist.

Mischen Sie es während der Fahrt, schlagen Sie die Eier einzeln ein und mischen Sie 2 Minuten lang weiter. Die Mischung sollte an Volumen zunehmen; es sollte dick sein - nicht flüssig.

Alle Zutaten gut vermischen. Machen Sie eine Vertiefung in der Mitte der Mehlmischung und fügen Sie die Oliven-Zucker-Mischung hinzu.

Überschüssigen Saft von den Äpfeln entfernen und die eingeweichten Rosinen abtropfen lassen. Zusammen mit dem Teig dazugeben, gut vermischen.

Backblech mit Backpapier vorbereiten. Den Teig auf die Pfanne geben und mit der Rückseite eines Holzlöffels glatt streichen.

Backen Sie es für 45 Minuten bei 350 ° Fahrenheit.

Wenn Sie fertig sind, nehmen Sie den Kuchen vom Backpapier und legen Sie ihn in eine Servierschale. Mit Puderzucker bestäuben. Warmer dunkler Honig zum Garnieren der Oberseite.

Ernährung (für 100g): 294 Kalorien 11 g Fett 9 g Kohlenhydrate 5,3 g Protein 691 mg Natrium

Schneller Tilapia mit roten Zwiebeln und Avocado

Zubereitungszeit: 10 Minuten

Kochzeit: 5 Minuten

Portionen: 4

Schwierigkeit: Mittel

Zutaten:

- 1 Esslöffel natives Olivenöl extra
- 1 Esslöffel frisch gepresster Orangensaft
- ¼ Teelöffel koscheres oder Meersalz
- 4 (4-Unzen) Tilapiafilets, eher länglich als quadratisch, mit Haut oder Haut
- ¼ Tasse gehackte rote Zwiebel
- 1 Avocado

Richtungen:

Kombinieren Sie in einer 9-Zoll-Kuchenpfanne aus Glas Öl, Orangensaft und Salz. Die Filets gleichzeitig bearbeiten, jeweils in die Kuchenform legen und von allen Seiten bestreichen. Die Filets zu einem Wagenrad formen. Jedes Filet mit 1 Esslöffel der Zwiebel belegen, dann das über den Rand hängende Ende des Filets in der Mitte über die Zwiebel klappen. Wenn es fertig ist, sollten Sie 4 übergewichtige Filets haben, mit der Falte zum äußeren Rand der Form und den Enden in der Mitte.

Wickeln Sie die Form in Plastik ein und lassen Sie einen kleinen Teil am Rand offen, um den Dampf abzulassen. Bei starker Hitze etwa 3 Minuten in der Mikrowelle garen. Wenn es fertig ist, sollte es sich in Flocken (Stücke) trennen, wenn es vorsichtig mit einer Gabel gedrückt wird. Die Filets mit der Avocado garnieren und servieren.

Ernährung (für 100g): 200 Kalorien 3 g Fett 4 g Kohlenhydrate 22 g Protein 811 mg Natrium

Gegrillter Fisch auf Zitronen

Zubereitungszeit: 10 Minuten

Kochzeit: 10 Minuten

Portionen: 4

Schwierigkeit: Schwierig

Zutaten:

- 4 (4-Unzen) Fischfilets
- Antihaft-Kochspray
- 3 bis 4 mittelgroße Zitronen
- 1 Esslöffel natives Olivenöl extra
- ¼ Teelöffel frisch gemahlener schwarzer Pfeffer
- ¼ Teelöffel kosheres oder Meersalz

Richtungen:

Trocknen Sie die Filets mit Küchenpapier ab und lassen Sie sie 10 Minuten bei Raumtemperatur stehen. In der Zwischenzeit den kalten Grillrost mit Antihaftspray bestreichen und den Grill auf 400 °F oder mittlere Hitze vorheizen.

Eine Zitrone halbieren und die Hälfte beiseite legen. Die restliche Hälfte der Zitrone und die restlichen Zitronen in ¼ Zoll dicke Scheiben schneiden. (Sie sollten ungefähr 12 bis 16 Zitronenscheiben haben.) Drücken Sie in einer kleinen Schüssel 1 Esslöffel Saft aus der reservierten Zitronenhälfte.

Das Öl mit dem Zitronensaft in die Schüssel geben und gut vermischen. Den Fisch von beiden Seiten mit der Ölmischung bestreichen und mit Pfeffer und Salz bestreuen.

Legen Sie die Zitronenscheiben vorsichtig auf den Grill (oder die Grillpfanne), legen Sie 3 bis 4 Scheiben in Form eines Fischfilets zusammen und wiederholen Sie dies mit den restlichen Scheiben. Die Fischfilets direkt auf die Zitronenscheiben legen und bei geschlossenem Deckel grillen. (Wenn Sie auf dem Herd grillen, decken Sie ihn mit einem großen Topfdeckel oder Alufolie ab.) Wenden Sie den Fisch nach der Hälfte der Garzeit nur, wenn die Filets mehr als 1,5 cm dick sind. Es ist fertig, wenn es gerade anfängt, sich in Flocken zu trennen, wenn man es leicht mit einer Gabel drückt.

Ernährung (für 100g): 147 Kalorien 5 g Fett 1 g Kohlenhydrate 22 g Protein 917 mg Natrium

Unter der Woche Tin Pan Fish Dinner

Zubereitungszeit: 10 Minuten

Kochzeit: 10 Minuten

Portionen: 4

Schwierigkeit: Mittel

Zutaten:

- Antihaft-Kochspray
- 2 Esslöffel natives Olivenöl extra
- 1 Esslöffel Balsamico-Essig
- 4 (4-Unzen) Fischfilets (½ Zoll dick)
- 2½ Tassen grüne Bohnen
- 1 Pint Kirsch- oder Traubentomaten

Richtungen:

Ofen auf 400°F vorheizen. Besprühen Sie zwei große, umrandete Backbleche mit Antihaftspray. Öl und Essig in einer kleinen Schüssel vermischen. Beiseite legen. Legen Sie zwei Fischstücke auf jedes Backblech.

In einer großen Schüssel Bohnen und Tomaten vermischen. Gießen Sie Öl und Essig hinein und rühren Sie vorsichtig um, um es zu beschichten. Gießen Sie die Hälfte der grünen Bohnenmischung über den Fisch auf einem Teller und die andere Hälfte über den Fisch auf dem anderen. Drehen Sie den Fisch um und reiben Sie ihn mit der Ölmischung ein, um ihn zu beschichten. Legen Sie das Gemüse gleichmäßig auf die Backbleche, damit es von heißer Luft umströmt werden kann.

Backen, bis der Fisch gerade noch milchig ist. Es ist fertig, wenn es gerade anfängt auseinanderzufallen, wenn man vorsichtig mit einer Gabel hineinsticht.

Ernährung (für 100g): 193 Kalorien 8 g Fett 3 g Kohlenhydrate 23 g Protein 811 mg Natrium

Knusprige Polenta-Fischstäbchen

Zubereitungszeit: 10 Minuten

Kochzeit: 15 Minuten

Portionen: 4

Schwierigkeit: Schwierig

Zutaten:

- 2 große Eier, leicht geschlagen
- 1 Esslöffel 2% Milch
- 1 Pfund enthäutete Fischfilets, in 20 (1 Zoll breite) Streifen geschnitten
- ½ Tasse gelbes Maismehl
- ½ Tasse Vollkorn-Panko-Semmelbrösel
- ¼ Teelöffel geräuchertes Paprikapulver
- ¼ Teelöffel koscheres oder Meersalz
- ¼ Teelöffel frisch gemahlener schwarzer Pfeffer
- Antihaft-Kochspray

Richtungen:

Legen Sie ein großes, umrandetes Backblech in den Ofen. Heizen Sie den Ofen mit der Pfanne darin auf 400 ° F vor. In einer großen Schüssel Eier und Milch vermischen. Mit einer Gabel die Fischstreifen zu der Eimischung geben und vorsichtig schwenken, um sie zu bestreichen.

Geben Sie Maismehl, Semmelbrösel, geräuchertes Paprikapulver, Salz und Pfeffer in eine litergroße Plastiktüte mit Reißverschluss. Verwenden Sie eine Gabel oder eine Zange, um den Fisch in den Beutel zu geben, und lassen Sie überschüssige Eierflüssigkeit vor dem Umfüllen in die Schüssel abtropfen. Dicht verschließen und vorsichtig schütteln, um jedes Fischstäbchen vollständig zu bedecken.

Nimm das heiße Backblech vorsichtig mit Ofenhandschuhen aus dem Ofen und besprühe es mit Antihaftspray. Mit einer Gabel oder Zange die Fischstäbchen aus dem Beutel nehmen und auf das heiße Backblech legen, mit Abstand dazwischen, damit die heiße Luft zirkulieren und sie knusprig machen kann. 5 bis 8 Minuten backen, bis ein leichter Druck mit einer Gabel den Fisch zerbröckelt und servieren.

Ernährung (für 100g): 256 Kalorien 6 g Fett 2 g Kohlenhydrate 29 g Protein 667 mg Natrium

Abendessen in der Lachspfanne

Zubereitungszeit: 15 Minuten

Kochzeit: 15 Minuten

Portionen: 4

Schwierigkeit: Mittel

Zutaten:

- 1 Esslöffel natives Olivenöl extra
- 2 gehackte Knoblauchzehen
- 1 TL geräuchertes Paprikapulver
- 1 Pint Trauben- oder Kirschtomaten, geviertelt
- 1 (12 Unzen) Dose geröstete Paprika
- 1 Esslöffel Wasser
- ¼ Teelöffel frisch gemahlener schwarzer Pfeffer
- ¼ Teelöffel koscheres oder Meersalz
- 1 Pfund Lachsfilets, Haut entfernt, in 8 Stücke geschnitten
- 1 EL frisch gepresster Zitronensaft (von ½ mittelgroßer Zitrone)

Richtungen:

Das Öl in einer Bratpfanne bei mittlerer Hitze erhitzen. Knoblauch und geräuchertes Paprikapulver untermischen und unter häufigem Rühren 1 Minute kochen. Tomaten, geröstete Paprika, Wasser, schwarzen Pfeffer und Salz einrühren. Stellen Sie die Hitze auf mittlere Stufe, lassen Sie alles köcheln und kochen Sie es 3 Minuten lang, wobei Sie die Tomaten zerdrücken, bis die Kochzeit abgelaufen ist.

Legen Sie den Lachs in die Pfanne und träufeln Sie etwas von der Sauce darüber. Abdecken und 10 bis 12 Minuten kochen (145 °F mit einem Fleischthermometer), bis es gerade anfängt, abzublättern.

Pfanne vom Herd nehmen und Zitronensaft über den Fisch träufeln. Rühren Sie die Sauce um und schneiden Sie dann den Lachs in Stücke. Aufschlag.

Ernährung (für 100g): 289 Kalorien 13 g Fett 2 g Kohlenhydrate 31 g Protein 581 mg Natrium

Toskanische Thunfisch- und Zucchini-Burger

Zubereitungszeit: 10 Minuten

Kochzeit: 30 Minuten

Portionen: 4

Schwierigkeit: Mittel

Zutaten:

- 3 Scheiben Vollkornbrot, getoastet
- 2 (5-Unzen) Dosen Thunfisch in Olivenöl
- 1 Tasse zerkleinerte Zucchini
- 1 großes Ei, leicht geschlagen
- ¼ Tasse gewürfelte rote Paprika
- 1 EL getrockneter Oregano
- 1 TL Zitronenschale
- ¼ Teelöffel frisch gemahlener schwarzer Pfeffer
- ¼ Teelöffel koscheres oder Meersalz
- 1 Esslöffel natives Olivenöl extra
- Blattsalate oder 4 Vollkornbrötchen zum Servieren (optional)

Richtungen:

Toast mit den Fingern zu Semmelbröseln zerkrümeln (oder mit einem Messer in ¼-Zoll-Würfel schneiden), bis Sie 1 Tasse locker gepackte Krümel haben. Die Brösel in eine große Schüssel geben. Thunfisch, Zucchini, Eier, Paprika, Oregano, Zitronenschale, schwarzen Pfeffer und Salz hinzufügen. Mit einer Gabel gut vermischen. Teilen Sie die Mischung in vier (½ Tasse) Pastetchen. Legen Sie es auf einen Teller und drücken Sie jedes Patty auf eine Dicke von etwa ¾ Zoll flach.

Das Öl in einer Bratpfanne bei mittlerer Hitze erhitzen. Gib die Steaks in das heiße Öl und reduziere dann die Hitze auf mittlere Stufe. Die Steaks 5 Minuten garen, mit einem Pfannenwender wenden und weitere 5 Minuten garen. So genießen oder auf grünem Salat oder Vollkornbrötchen servieren.

Ernährung (für 100g): 191 Kalorien 10 g Fett 2 g Kohlenhydrate 15 g Protein 661 mg Natrium

Sizilianisches Grünkohl- und Thunfischgericht

Zubereitungszeit: 15 Minuten

Kochzeit: 15 Minuten

Portionen: 6

Schwierigkeit: Mittel

Zutaten:

- 1 Kilo Grünkohl
- 3 Esslöffel natives Olivenöl extra
- 1 dl gehackte Zwiebel
- 3 Knoblauchzehen, gehackt
- 1 (2,25 Unzen) Dose geschnittene Oliven, abgetropft
- ¼ Tasse Kapern
- ¼ Teelöffel roter Paprika
- 2 Teelöffel Zucker
- 2 (6-Unzen) Dosen Thunfisch in Olivenöl
- 1 (15 Unzen) Dose Cannellinibohnen
- ¼ Teelöffel gemahlener schwarzer Pfeffer
- ¼ Teelöffel koscheres oder Meersalz

Richtungen:

Kochen Sie bis zu drei Viertel Wasser in einem Suppentopf. Den Grünkohl untermischen und 2 Minuten garen. Den Grünkohl durch ein Sieb abseihen und beiseite stellen.

Stellen Sie die leere Pfanne bei mittlerer Hitze wieder auf den Herd und fügen Sie das Öl hinzu. Die Zwiebel untermischen und 4 Minuten unter ständigem Rühren kochen. Fügen Sie den Knoblauch hinzu und kochen Sie ihn 1 Minute lang. Die Oliven, Kapern und die zerdrückte rote Paprika dazugeben und 1 Minute kochen. Zum Schluss den teilweise gekochten Grünkohl und den Zucker hinzufügen und umrühren, bis der Grünkohl vollständig mit Öl überzogen ist. Den Topf schließen und 8 Minuten garen.

Den Grünkohl vom Herd nehmen, Thunfisch, Bohnen, Pfeffer und Salz hinzufügen und servieren.

Ernährung (für 100g): 265 Kalorien 12 g Fett 7 g Kohlenhydrate 16 g Protein 715 mg Natrium

Mediterraner Kabeljau-Eintopf

Zubereitungszeit: 10 Minuten
Kochzeit: 20 Minuten
Portionen: 6
Schwierigkeit: Mittel

Zutaten:

- 2 Esslöffel natives Olivenöl extra
- 2 dl gehackte Zwiebel
- 2 Knoblauchzehen, gehackt
- ¾ Teelöffel geräucherter Paprika
- 1 (14,5 Unzen) Dose gewürfelte Tomaten, nicht abgetropft
- 1 (12 Unzen) Dose geröstete Paprika
- 1 Tasse geschnittene Oliven, grün oder schwarz
- 1/3 Tasse trockener Rotwein
- ¼ Teelöffel frisch gemahlener schwarzer Pfeffer
- ¼ Teelöffel kosheres oder Meersalz
- 1½ Pfund Kabeljaufilets, in 1-Zoll-Stücke geschnitten
- 3 dl geschnittene Champignons

Richtungen:

Öl in einem Topf aufkochen. Die Zwiebel untermischen und 4 Minuten dünsten, dabei gelegentlich umrühren. Knoblauch und geräuchertes Paprikapulver einrühren und unter häufigem Rühren 1 Minute kochen.

Mischen Sie die Tomaten mit ihrem Saft, gerösteten Paprikaschoten, Oliven, Wein, Pfeffer und Salz und erhöhen Sie die Hitze auf mittlere Hitze. Kochen. Fügen Sie den Kabeljau und die Pilze hinzu und reduzieren Sie die Hitze auf mittlere Stufe.

Unter gelegentlichem Rühren etwa 10 Minuten kochen, bis der Kabeljau gar ist und leicht abblättert, und servieren.

Ernährung (für 100g): 220 Kalorien 8 g Fett 3 g Kohlenhydrate 28 g Protein 583 mg Natrium

Gedämpfte Muscheln in Weißweinsauce

Zubereitungszeit: 5 Minuten

Kochzeit: 10 Minuten

Portionen: 4

Schwierigkeit: Schwierig

Zutaten:

- 2 Pfund kleine Muscheln
- 1 Esslöffel natives Olivenöl extra
- 1 Tasse dünn geschnittene rote Zwiebel
- 3 Knoblauchzehen, in Scheiben geschnitten
- 1 dl trockener Weißwein
- 2 (¼ Zoll dicke) Zitronenscheiben
- ¼ Teelöffel frisch gemahlener schwarzer Pfeffer
- ¼ Teelöffel kosheres oder Meersalz
- Frische Zitronenspalten zum Servieren (optional)

Richtungen:

Lassen Sie in einem großen Sieb in der Spüle kaltes Wasser über die Muscheln laufen (aber lassen Sie die Muscheln nicht in stehendem Wasser stehen). Alle Schalen sollten fest verschlossen sein; entsorgen Sie Schalen, die leicht geöffnet oder rissige Schalen sind. Lassen Sie die Muscheln im Sieb, bis Sie sie verwenden müssen.

Das Öl in einer großen Bratpfanne aufkochen. Die Zwiebel untermischen und 4 Minuten dünsten, dabei gelegentlich umrühren. Fügen Sie den Knoblauch hinzu und kochen Sie ihn 1 Minute lang unter ständigem Rühren. Wein, Zitronenscheiben, Pfeffer und Salz dazugeben und zum Kochen bringen. 2 Minuten kochen.

Die Muscheln zugeben und abdecken. Garen, bis die Muscheln ihre Schalen öffnen. Schütteln Sie die Pfanne während des Garens zwei- oder dreimal vorsichtig.

Alle Granaten sollten jetzt weit geöffnet sein. Mit einem Schaumlöffel alle noch geschlossenen Muscheln wegwerfen. Legen Sie die geöffneten Muscheln in eine flache Servierschüssel und gießen Sie die Brühe darüber. Auf Wunsch mit zusätzlichen frischen Zitronenschnitzen servieren.

Ernährung (für 100g): 222 Kalorien 7 g Fett 1 g Kohlenhydrate 18 g Protein 708 mg Natrium

Orangen- und Knoblauchgarnelen

Zubereitungszeit: 20 Minuten
Kochzeit: 10 Minuten
Portionen: 6
Schwierigkeit: Schwierig

Zutaten:

- 1 große Orange
- 3 Esslöffel natives Olivenöl extra, geteilt
- 1 Esslöffel gehackter frischer Rosmarin
- 1 Esslöffel gehackter frischer Thymian
- 3 Knoblauchzehen, gehackt (ca. 1½ TL)
- ¼ Teelöffel frisch gemahlener schwarzer Pfeffer
- ¼ Teelöffel koscheres oder Meersalz
- 1½ Pfund frische rohe Garnelen, Schalen und Schwänze entfernt

Richtungen:

Die ganze Orange mit einer Reibe schälen. Orangenschale und 2 Esslöffel Öl mit Rosmarin, Thymian, Knoblauch, Pfeffer und Salz mischen. Rühren Sie die Garnelen ein, verschließen Sie den Beutel und massieren Sie die Garnelen sanft ein, bis alle Zutaten kombiniert sind und die Garnelen vollständig mit den Gewürzen überzogen sind. Beiseite legen.

Grill, Grillpfanne oder große Bratpfanne bei mittlerer Hitze erhitzen. Den restlichen 1 Esslöffel Öl aufpinseln oder einschwenken. Fügen Sie die Hälfte der Garnelen hinzu und kochen Sie sie 4 bis 6 Minuten lang oder bis die Garnelen rosa und weiß werden, wenden Sie sie auf dem Grill nach der Hälfte der Zeit oder rühren Sie sie jede Minute um, wenn sie sich in einer Pfanne befinden. Übertragen Sie die Garnelen in eine große Servierschüssel. Wiederholen und in die Schüssel geben.

Während die Garnelen garen, die Orange schälen und das Fruchtfleisch in mundgerechte Stücke schneiden. In die Servierschüssel geben und mit den gekochten Garnelen mischen. Sofort servieren oder im Kühlschrank aufbewahren und kalt servieren.

Ernährung (für 100g): 190 Kalorien 8 g Fett 1 g Kohlenhydrate 24 g Protein 647 mg Natrium

Geröstete Garnelen-Gnocchi backen

Zubereitungszeit: 10 Minuten

Kochzeit: 20 Minuten

Portionen: 4

Schwierigkeit: Mittel

Zutaten:

- 1 Tasse gehackte frische Tomate
- 2 Esslöffel natives Olivenöl extra
- 2 Knoblauchzehen, gehackt
- ½ TL frisch gemahlener schwarzer Pfeffer
- ¼ Teelöffel zerstoßener roter Pfeffer
- 1 (12 Unzen) Dose geröstete Paprika
- 1 Pfund frische rohe Garnelen, Schalen und Schwänze entfernt
- 1 Pfund gefrorene Gnocchi (nicht aufgetaut)
- ½ Tasse gewürfelter Feta-Käse
- 1/3 Tasse frisch zerrissene Basilikumblätter

Richtungen:

Ofen auf 425 ° F vorheizen. Tomaten, Öl, Knoblauch, schwarzen Pfeffer und zerdrückten roten Pfeffer in einer Auflaufform mischen. 10 Minuten im Ofen rösten.

Geröstete Paprika und Garnelen unterrühren. Weitere 10 Minuten braten, bis die Garnelen rosa und weiß werden.

Während die Garnelen garen, die Gnocchi nach Packungsanweisung auf dem Herd garen. In ein Sieb gießen und warm halten. Entfernen Sie die Form aus dem Ofen. Gekochte Gnocchi, Schafskäse und Basilikum untermischen und servieren.

Ernährung (für 100g): 277 Kalorien 7 g Fett 1 g Kohlenhydrate 20 g Protein 711 mg Natrium

Würzige Shrimp Puttanesca

Zubereitungszeit: 5 Minuten

Kochzeit: 15 Minuten

Portionen: 4

Schwierigkeit: Mittel

Zutaten:

- 2 Esslöffel natives Olivenöl extra
- 3 Sardellenfilets, abgetropft und gehackt
- 3 Knoblauchzehen, gehackt
- ½ TL zerstoßener roter Pfeffer
- 1 (14,5 Unzen) Dose gewürfelte natrium- oder salzarme Tomaten, nicht abgetropft
- 1 (2,25 Unzen) Dose schwarze Oliven
- 2 EL Kapern
- 1 Esslöffel gehackter frischer Oregano
- 1 Pfund frische rohe Garnelen, Schalen und Schwänze entfernt

Richtungen:

Das Öl bei mittlerer Hitze aufkochen. Sardellen, Knoblauch und zerstoßene rote Paprika untermischen. 3 Minuten kochen lassen, dabei häufig umrühren und die Sardellen mit einem Holzlöffel zerdrücken, bis sie im Öl geschmolzen sind.

Tomaten mit Saft, Oliven, Kapern und Oregano unterrühren. Die Hitze auf mittelhoch stellen und zum Kochen bringen.

Wenn die Sauce leicht sprudelt, rühren Sie die Garnelen ein. Wählen Sie mittlere Hitze und kochen Sie die Garnelen, bis sie rosa und weiß werden, und servieren Sie sie dann.

Ernährung (für 100g): 214 Kalorien 10 g Fett 2 g Kohlenhydrate 26 g Protein 591 mg Natrium

Italienische Thunfisch-Sandwiches

Zubereitungszeit: 10 Minuten

Kochzeit: 0 Minuten

Portionen: 4

Schwierigkeit: Einfach

Zutaten:

- 3 EL frisch gepresster Zitronensaft
- 2 Esslöffel natives Olivenöl extra
- 1 Knoblauchzehe, fein gehackt
- ½ TL frisch gemahlener schwarzer Pfeffer
- 2 (5-Unzen) Dosen Thunfisch, abgetropft
- 1 (2,25 Unzen) Dose geschnittene Oliven
- ½ Tasse gehackter frischer Fenchel, einschließlich Blätter
- 8 Scheiben Vollkornbrot

Richtungen:

Zitronensaft, Öl, Knoblauch und Pfeffer mischen. Thunfisch, Oliven und Fenchel dazugeben. Den Thunfisch mit einer Gabel in Stücke brechen und umrühren, um alle Zutaten zu kombinieren.

Den Thunfischsalat gleichmäßig auf 4 Brotscheiben verteilen. Jeweils mit den restlichen Brotscheiben belegen. Lassen Sie die Sandwiches vor dem Servieren mindestens 5 Minuten ruhen, damit die Füllung in das Brot einziehen kann.

Ernährung (für 100g): 347 Kalorien 17 g Fett 5 g Kohlenhydrate 25 g Protein 447 mg Natrium

Dill-Lachs-Salat-Wraps

Zubereitungszeit: 10 Minuten

Kochzeit: 10 Minuten

Portionen: 6

Schwierigkeit: Einfach

Zutaten:

- 1 Pfund Lachsfilet, gekocht und geflockt
- ½ Tasse gewürfelte Karotten
- ½ Tasse gewürfelter Sellerie
- 3 EL gehackter frischer Dill
- 3 Esslöffel gewürfelte rote Zwiebel
- 2 EL Kapern
- 1½ Esslöffel natives Olivenöl extra
- 1 Esslöffel gealterter Balsamico-Essig
- ½ TL frisch gemahlener schwarzer Pfeffer
- ¼ Teelöffel koscheres oder Meersalz
- 4 Vollkorn-Fladenbrot-Wraps oder weiche Vollkorn-Tortillas

Richtungen:

Lachs, Karotten, Sellerie, Dill, rote Zwiebel, Kapern, Öl, Essig, Pfeffer und Salz mischen. Den Lachssalat auf die Fladenbrote verteilen. Den Boden des Fladenbrots zusammenfalten, dann den Wrap aufrollen und servieren.

Ernährung (für 100g):336 Kalorien 16 g Fett 5 g Kohlenhydrate 32 g Protein 884 mg Natrium

Weiße Muschel Pizza Pie

Zubereitungszeit: 10 Minuten

Kochzeit: 20 Minuten

Portionen: 4

Schwierigkeit: Schwierig

Zutaten:

- 1 Pfund gekühlter frischer Pizzateig
- Antihaft-Kochspray
- 2 Esslöffel natives Olivenöl extra, geteilt
- 2 Knoblauchzehen, gehackt (ca. 1 Teelöffel)
- ½ TL zerstoßener roter Pfeffer
- 1 (10 Unzen) Dose ganze Babymuscheln, abgetropft
- ¼ Tasse trockener Weißwein
- Allzweckmehl, zum Bestäuben
- 1 Tasse gewürfelter Mozzarella-Käse
- 1 Esslöffel geriebener Pecorino Romano oder Parmesankäse
- 1 Esslöffel gehackte frische glatte (italienische) Petersilie

Richtungen:

Ofen auf 500°F vorheizen. Besprühe ein großes, umrandetes Backblech mit Antihaftspray.

1½ Esslöffel Öl in einer großen Pfanne erhitzen. Fügen Sie den Knoblauch und die zerdrückte rote Paprika hinzu und kochen Sie sie 1 Minute lang, wobei Sie häufig umrühren, damit der

Knoblauch nicht anbrennt. Fügen Sie den reservierten Muschelsaft und Wein hinzu. Bei starker Hitze zum Kochen bringen. Reduziere die Hitze auf mittlere Stufe, sodass die Sauce nur noch köchelt, und koche sie 10 Minuten lang, wobei du gelegentlich umrührst. Die Sauce kocht ein und dickt ein.

Legen Sie die Muscheln und kochen Sie sie 3 Minuten lang, wobei Sie gelegentlich umrühren. Während die Sauce kocht, formen Sie den Pizzateig auf einer leicht bemehlten Oberfläche mit einem Nudelholz oder durch Dehnen mit den Händen zu einem 12-Zoll-Kreis oder zu einem 10 x 12-Zoll-Rechteck. Den Teig auf das vorbereitete Backblech legen. Den Teig mit dem restlichen ½ Esslöffel Öl bepinseln. Beiseite stellen, bis die Muschelsauce fertig ist.

Die Muschelsauce innerhalb von ½ Zoll vom Rand über den vorbereiteten Teig streichen. Mit Mozzarella bestreuen und mit Pecorino Romano bestreuen.

10 Minuten backen. Die Pizza aus dem Ofen nehmen und auf ein Holzschneidebrett legen. Mit der Petersilie bestreuen, mit einem Pizzaschneider oder einem scharfen Messer in acht Stücke schneiden und servieren.

Ernährung (für 100g): 541 Kalorien 21 g Fett 1 g Kohlenhydrate 32 g Protein 688 mg Natrium

Gebackenes Bohnen-Fischmehl

Zubereitungszeit: 10 Minuten

Kochzeit: 10 Minuten

Portionen: 4

Schwierigkeit: Einfach

Zutaten:

- 1 Esslöffel Balsamico-Essig
- 2 ½ Tassen grüne Bohnen
- 1 Pint Kirsch- oder Traubentomaten
- 4 (jeweils 4 Unzen) Fischfilets, wie Kabeljau oder Tilapia
- 2 Esslöffel Olivenöl

Richtungen:

Ofen auf 400 Grad vorheizen. Zwei Backbleche mit etwas Olivenöl oder Olivenölspray einfetten. 2 Fischfilets auf jedem Teller anrichten. Olivenöl und Essig in eine Rührschüssel geben. Kombinieren, um sich gut miteinander zu vermischen.

Grüne Bohnen und Tomaten mischen. Kombinieren, um sich gut miteinander zu vermischen. Beide Mischungen gut miteinander verrühren. Die Mischung gleichmäßig über die Fischfilets geben. 6-8 Minuten backen, bis der Fisch undurchsichtig ist und leicht abblättert. Heiß servieren.

Ernährung (für 100g): 229 Kalorien 13 g Fett 8 g Kohlenhydrate 2,5 g Protein 559 mg Natrium

Kabeljau-Eintopf mit Pilzen

Zubereitungszeit: 10 Minuten

Kochzeit: 20 Minuten

Portionen: 6

Schwierigkeit: Einfach

Zutaten:

- 2 Esslöffel natives Olivenöl extra
- 2 Knoblauchzehen, gehackt
- 1 Dose Tomate
- 2 dl gehackte Zwiebel
- ¾ Teelöffel geräucherter Paprika
- eine (12 Unzen) Dose geröstete Paprika
- 1/3 Tasse trockener Rotwein
- ¼ Teelöffel koscheres oder Meersalz
- ¼ Teelöffel schwarzer Pfeffer
- 1 Tasse schwarze Oliven
- 1 ½ Pfund Kabeljaufilets, in 1-Zoll-Stücke geschnitten
- 3 dl geschnittene Champignons

Richtungen:

Holen Sie sich einen mittelgroßen Topf, erhitzen Sie Öl bei mittlerer Hitze. Zwiebel hinzufügen und 4 Minuten rühren. Fügen Sie Knoblauch und geräucherten Paprika hinzu; 1 Minute kochen, dabei oft umrühren. Tomaten mit Saft, geröstete Paprika, Oliven, Wein, Pfeffer und Salz hinzufügen; sanft umrühren. Kochen Sie die

Mischung. Fügen Sie den Kabeljau und die Pilze hinzu; Hitze auf mittel reduzieren. Zudecken und kochen, bis der Kabeljau leicht abblättert, dabei gelegentlich umrühren. Heiß servieren.

Ernährung (für 100g): 238 Kalorien 7 g Fett 15 g Kohlenhydrate 3,5 g Protein 772 mg Natrium

Gewürzter Schwertfisch

Zubereitungszeit: 10 Minuten

Kochzeit: 15 Minuten

Portionen: 4

Schwierigkeit: Mittel

Zutaten:

- 4 (jeweils 7 Unzen) Schwertfischpastetchen
- 1/2 Teelöffel gemahlener schwarzer Pfeffer
- 12 Knoblauchzehen, geschält
- 3/4 Teelöffel Salz
- 1 1/2 TL gemahlener Kreuzkümmel
- 1 Teelöffel Paprika
- 1 TL Koriander
- 3 Esslöffel Zitronensaft
- 1/3 Tasse Olivenöl

Richtungen:

Nehmen Sie einen Mixer oder eine Küchenmaschine, öffnen Sie den Deckel und fügen Sie alle Zutaten außer Schwertfisch hinzu. Schließen Sie den Deckel und mixen Sie alles glatt. Fischsteaks trocken tupfen; gleichmäßig mit der vorbereiteten Gewürzmischung bedecken.

Auf Alufolie legen, abdecken und 1 Stunde kühl stellen. Eine Bratpfanne auf hoher Stufe erhitzen, Öl einfüllen und erhitzen.

Fügen Sie Fischpastetchen hinzu; unter Rühren 5-6 Minuten pro Seite braten, bis sie durchgegart und gleichmäßig gebräunt sind. Heiß servieren.

Ernährung (für 100g): 255 Kalorien 12 g Fett 4 g Kohlenhydrate 0,5 g Protein 990 mg Natrium

Anchovy Pasta Mania

Zubereitungszeit: 10 Minuten

Kochzeit: 20 Minuten

Portionen: 4

Schwierigkeit: Einfach

Zutaten:

- 4 Sardellenfilets, eingelegt in Olivenöl
- ½ Pfund Brokkoli, in 1-Zoll-Röschen geschnitten
- 2 Knoblauchzehen, in Scheiben geschnitten
- 1 Pfund Vollkornpenne
- 2 Esslöffel Olivenöl
- ¼ Tasse Parmesankäse, gerieben
- Salz und schwarzer Pfeffer nach Geschmack
- Paprikaflocken nach Geschmack

Richtungen:

Nudeln nach Packungsanweisung kochen; abtropfen lassen und beiseite stellen. Nehmen Sie einen mittelgroßen Topf oder eine Bratpfanne, fügen Sie Öl hinzu. Bei mittlerer Hitze erhitzen. Sardellen, Brokkoli und Knoblauch dazugeben und 4-5 Minuten rühren, bis das Gemüse weich ist. Vom Herd nehmen; unter die Nudeln mischen. Warm servieren und mit Parmesankäse, Paprikaflocken, Salz und schwarzem Pfeffer bestreuen.

Ernährung (für 100g): 328 Kalorien 8 g Fett 35 g Kohlenhydrate 7 g Protein 834 mg Natrium

Garnelen-Knoblauch-Paste

Zubereitungszeit: 10 Minuten

Kochzeit: 15 Minuten

Portionen: 4

Schwierigkeit: Einfach

Zutaten:

- 1 Kilo Garnelen, geschält und entdarmt
- 3 Knoblauchzehen, gehackt
- 1 Zwiebel, fein gehackt
- 1 Packung Vollkorn- oder Bohnennudeln nach Wahl
- 4 Esslöffel Olivenöl
- Salz und schwarzer Pfeffer nach Geschmack
- ¼ Tasse Basilikum, in Streifen geschnitten
- ¾ Tasse Hühnerbrühe, natriumarm

Richtungen:

Nudeln nach Packungsanweisung kochen; abspülen und beiseite stellen. Nehmen Sie einen mittelgroßen Topf, fügen Sie Öl hinzu und erhitzen Sie es bei mittlerer Hitze. Zwiebel und Knoblauch dazugeben und 3 Minuten rühren, bis sie durchscheinend und duftend sind.

Garnelen, schwarzen Pfeffer (gemahlen) und Salz hinzufügen; kochen, rühren, 3 Minuten, bis Garnelen undurchsichtig sind. Brühe zugeben und weitere 2-3 Minuten köcheln lassen. Nudeln in eine Servierschüssel geben; Top mit Garnelenmischung; heiß mit Basilikum servieren.

Ernährung (für 100g): 605 Kalorien 17 g Fett 53 g Kohlenhydrate 19 g Protein 723 mg Natrium

Essig-Honig-Lachs

Zubereitungszeit: 10 Minuten

Kochzeit: 5 Minuten

Portionen: 4

Schwierigkeit: Einfach

Zutaten:

- 4 (8 Unzen) Lachsfilets
- 1/2 Tasse Balsamico-Essig
- 1 Esslöffel Honig
- Schwarzer Pfeffer und Salz nach Geschmack
- 1 Esslöffel Olivenöl

Richtungen:

Honig und Essig mischen. Kombinieren, um sich gut miteinander zu vermischen.

Die Fischfilets mit schwarzem Pfeffer (gemahlen) und Meersalz würzen; mit Honigglasur bestreichen. Nehmen Sie einen mittelgroßen Topf oder eine Bratpfanne, fügen Sie Öl hinzu. Bei mittlerer Hitze erhitzen. Lachsfilets dazugeben und rühren, bis sie in der Mitte medium und leicht gebräunt sind, 3-4 Minuten pro Seite. Heiß servieren.

Ernährung (für 100g): 481 Kalorien 16 g Fett 24 g Kohlenhydrate 1,5 g Protein 673 mg Natrium

Orangefarbenes Fischmehl

Zubereitungszeit: 10 Minuten

Kochzeit: 5 Minuten

Portionen: 4

Schwierigkeit: Einfach

Zutaten:

- ¼ Teelöffel koscheres oder Meersalz
- 1 Esslöffel natives Olivenöl extra
- 1 EL Orangensaft
- 4 (4-Unzen) Tilapiafilets, mit oder ohne Haut
- ¼ Tasse gehackte rote Zwiebel
- 1 Avocado, entkernt, geschält und in Scheiben geschnitten

Richtungen:

Nehmen Sie eine 9-Zoll-Auflaufform; Olivenöl, Orangensaft und Salz hinzufügen. Gut kombinieren. Fischfilets dazugeben und gut abdecken. Zwiebeln über die Fischfilets geben. Mit Plastikfolie abdecken. Mikrowelle für 3 Minuten, bis der Fisch gut gekocht ist und leicht abblättert. Heiß mit geschnittener Avocado darüber servieren.

Ernährung (für 100g): 231 Kalorien 9 g Fett 8 g Kohlenhydrate 2,5 g Protein 536 mg Protein

Garnelen-Zoodles

Zubereitungszeit: 10 Minuten

Kochzeit: 5 Minuten

Portionen: 2

Schwierigkeit: Einfach

Zutaten:

- 2 Esslöffel gehackte Petersilie
- 2 TL fein gehackter Knoblauch
- 1 TL Salz
- ½ TL schwarzer Pfeffer
- 2 mittelgroße Zucchini, spiralisiert
- 3/4 Pfund mittelgroße Garnelen, geschält und entdarmt
- 1 Esslöffel Olivenöl
- 1 Zitrone, entsaftet und geschält

Richtungen:

Nehmen Sie einen mittelgroßen Topf oder eine Bratpfanne, fügen Sie Öl, Zitronensaft, Zitronenschale hinzu. Bei mittlerer Hitze erhitzen. Garnelen hinzufügen und 1 Minute pro Seite umrühren. Saute Knoblauch und Paprikaflocken für 1 weitere Minute. Zoodles hinzugeben und vorsichtig umrühren; 3 Minuten kochen, bis es zur Zufriedenheit gekocht ist. Gut würzen, heiß mit Petersilie servieren.

Ernährung (für 100g): 329 Kalorien 12 g Fett 11 g Kohlenhydrate 3 g Protein 734 mg Natrium

Spargel-Forellen-Mahlzeit

Zubereitungszeit: 10 Minuten

Kochzeit: 20 Minuten

Portionen: 4

Schwierigkeit: Einfach

Zutaten:

- 2 Pfund Forellenfilets
- 1 Pfund Spargel
- Salz und gemahlener weißer Pfeffer abschmecken
- 1 Esslöffel Olivenöl
- 1 Knoblauchzehe, fein gehackt
- 1 Frühlingszwiebel, in dünne Scheiben geschnitten (grüner und weißer Teil)
- 4 mittelgoldene Kartoffeln, in dünne Scheiben geschnitten
- 2 Roma-Tomaten, gehackt
- 8 entkernte Kalamata-Oliven, gehackt
- 1 große Karotte, in dünne Scheiben geschnitten
- 2 EL getrocknete Petersilie
- ¼ Tasse gemahlener Kreuzkümmel
- 2 Esslöffel Paprika
- 1 EL Gemüsebrühe würzen
- ½ dl trockener Weißwein

Richtungen:

Fischfilets, weißen Pfeffer und Salz in eine Rührschüssel geben. Kombinieren, um sich gut miteinander zu vermischen. Nehmen Sie einen mittelgroßen Topf oder eine Bratpfanne, fügen Sie Öl hinzu. Bei mittlerer Hitze erhitzen. Spargel, Kartoffeln, Knoblauch, den weißen Teil der Frühlingszwiebel dazugeben und 4-5 Minuten weich kochen. Tomaten, Karotten und Oliven hinzufügen; kochen, rühren, für 6-7 minuten bis weich. Kreuzkümmel, Paprika, Petersilie, Brühegewürz und Salz hinzugeben. Rühren Sie die Mischung gut um.

Weißwein und Fischfilets untermischen. Bei schwacher Hitze die Mischung zugedeckt etwa 6 Minuten köcheln lassen, bis der Fisch leicht abblättert, dabei gelegentlich umrühren. Warm mit Frühlingszwiebeln servieren.

Ernährung (für 100g): 303 Kalorien 17 g Fett 37 g Kohlenhydrate 6 g Protein 722 mg Natrium

Grünkohl-Oliven-Thunfisch

Zubereitungszeit: 10 Minuten

Kochzeit: 15 Minuten

Portionen: 6

Schwierigkeit: Mittel

Zutaten:

- 1 dl gehackte Zwiebel
- 3 Knoblauchzehen, gehackt
- 1 (2,25 Unzen) Dose geschnittene Oliven, abgetropft
- 1 Pfund Grünkohl, gehackt
- 3 Esslöffel natives Olivenöl extra
- ¼ Tasse Kapern
- ¼ Teelöffel zerstoßener roter Pfeffer
- 2 Teelöffel Zucker
- 1 (15 Unzen) Dose Cannellinibohnen
- 2 (6-Unzen) Dosen Thunfisch in Olivenöl, nicht abgetropft
- ¼ Teelöffel schwarzer Pfeffer
- ¼ Teelöffel koscheres oder Meersalz

Richtungen:

Grünkohl 2 Minuten in kochendem Wasser einweichen; abtropfen lassen und beiseite stellen. Nehmen Sie einen mittelgroßen Topf oder Suppentopf, erhitzen Sie Öl bei mittlerer Hitze. Fügen Sie die Zwiebel hinzu und rühren Sie, bis sie durchscheinend und weich ist. Fügen Sie Knoblauch hinzu und rühren Sie, bis er duftet, 1 Minute.

Oliven, Kapern und rote Paprika zugeben und 1 Minute kochen. Gekochten Grünkohl und Zucker untermischen. Bei schwacher Hitze die Mischung zugedeckt etwa 8-10 Minuten köcheln lassen und dabei gelegentlich umrühren. Thunfisch, Bohnen, Pfeffer und Salz hinzufügen. Gut umrühren und heiß servieren.

Ernährung (für 100g): 242 Kalorien 11 g Fett 24 g Kohlenhydrate 7 g Protein 682 mg Natrium

Scharfe Rosmaringarnelen

Zubereitungszeit: 10 Minuten

Kochzeit: 10 Minuten

Portionen: 6

Schwierigkeit: Einfach

Zutaten:

- 1 große Orange, geschält und entkernt
- 3 Knoblauchzehen, gehackt
- 1 ½ Pfund rohe Garnelen, Schalen und Schwänze entfernt
- 3 Esslöffel Olivenöl
- 1 EL gehackter Thymian
- 1 Esslöffel gehackter Rosmarin
- ¼ Teelöffel schwarzer Pfeffer
- ¼ Teelöffel koscheres oder Meersalz

Richtungen:

Nehmen Sie eine Plastiktüte mit Reißverschluss, fügen Sie Orangenschale, Garnelen, 2 EL Olivenöl, Knoblauch, Thymian, Rosmarin, Salz und schwarzen Pfeffer hinzu. Gut schütteln und 5 Minuten zum Marinieren beiseite stellen.

Nehmen Sie einen mittelgroßen Topf oder eine Bratpfanne und fügen Sie 1 EL Olivenöl hinzu. Bei mittlerer Hitze erhitzen. Garnelen hinzufügen und 2-3 Minuten pro Seite braten, bis sie vollständig rosa und undurchsichtig sind. Die Orange in mundgerechte Spalten schneiden und in eine Servierschüssel geben. Garnelen hinzufügen und gut mischen. Frisch servieren.

Ernährung (für 100g): 187 Kalorien 7 g Fett 6 g Kohlenhydrate 0,5 g Protein 673 mg Natrium

Spargel Lachs

Zubereitungszeit: 10 Minuten

Kochzeit: 15 Minuten

Portionen: 2

Schwierigkeit: Einfach

Zutaten:

- 8,8-Unzen-Bündel Spargel
- 2 kleine Lachsfilets
- 1 ½ TL Salz
- 1 TL schwarzer Pfeffer
- 1 Esslöffel Olivenöl
- 1 Tasse Sauce Hollandaise, kohlenhydratarm

Richtungen:

Die Lachsfilets gut würzen. Nehmen Sie einen mittelgroßen Topf oder eine Bratpfanne, fügen Sie Öl hinzu. Bei mittlerer Hitze erhitzen.

Lachsfilets hinzufügen und umrühren, bis sie gleichmäßig durchgegart sind, 4-5 Minuten pro Seite. Spargel dazugeben und weitere 4-5 Minuten garen. Heiß mit Sauce Hollandaise servieren.

Ernährung (für 100g): 565 Kalorien 7 g Fett 8 g Kohlenhydrate 2,5 g Protein 559 mg Natrium

Thunfisch-Nuss-Salat

Zubereitungszeit: 10 Minuten

Kochzeit: 0 Minuten

Portionen: 4

Schwierigkeit: Einfach

Zutaten:

- 1 EL gehackter Estragon
- 1 Stange Sellerie, geputzt und fein gewürfelt
- 1 mittelgroße Schalotte, gewürfelt
- 3 EL gehackter Schnittlauch
- 1 (5-Unzen) Dose Thunfisch (mit Olivenöl bedeckt), abgetropft und geflockt
- 1 TL Dijon-Senf
- 2-3 Esslöffel Mayonnaise
- 1/4 TL Salz
- 1/8 TL Pfeffer
- 1/4 Tasse Pinienkerne, geröstet

Richtungen:

Thunfisch, Schalotten, Schnittlauch, Estragon und Sellerie in eine große Salatschüssel geben. Kombinieren, um sich gut miteinander zu vermischen. Mayonnaise, Senf, Salz und schwarzen Pfeffer in eine Rührschüssel geben. Kombinieren, um sich gut miteinander zu vermischen. Mayonnaise-Mischung in die Salatschüssel geben; gut mischen, um zu kombinieren. Pinienkerne zugeben und nochmals umrühren. Frisch servieren.

Ernährung (für 100g): 236 Kalorien 14 g Fett 4 g Kohlenhydrate 1 g Protein 593 mg Natrium

Cremige Garnelensuppe

Zubereitungszeit: 10 Minuten

Kochzeit: 35 Minuten

Portionen: 6

Schwierigkeit: Mittel

Zutaten:

- 1 Pfund mittelgroße Garnelen, geschält und entdarmt
- 1 Lauch, sowohl weiße als auch hellgrüne Teile, in Scheiben geschnitten
- 1 mittelgroße Fenchelknolle, gehackt
- 2 Esslöffel Olivenöl
- 3 Stangen Sellerie, gehackt
- 1 Knoblauchzehe, fein gehackt
- Meersalz und gemahlener Pfeffer nach Geschmack
- 4 dl Gemüse- oder Hühnerbrühe
- 1 EL Fenchelsamen
- 2 Esslöffel helle Sahne
- Der Saft von 1 Zitrone

Richtungen:

Nehmen Sie einen mittelgroßen Topf oder Schmortopf, erhitzen Sie Öl bei mittlerer Hitze. Sellerie, Lauch und Fenchel hinzugeben und etwa 15 Minuten garen, bis das Gemüse weich und gefärbt ist. Knoblauch hinzufügen; mit schwarzem Pfeffer und Meersalz würzen. Fenchelsamen hinzugeben und umrühren.

Brühe angießen und zum Kochen bringen. Bei schwacher Hitze die Mischung etwa 20 Minuten köcheln lassen und zwischendurch umrühren. Garnelen hinzufügen und 3 Minuten garen, bis sie nur noch rosa sind. Sahne und Zitronensaft einrühren; warm servieren.

Ernährung (für 100g): 174 Kalorien 5 g Fett 9,5 g Kohlenhydrate 2 g Protein 539 mg Natrium

Gewürzter Lachs mit Gemüse-Quinoa

Zubereitungszeit: 30 Minuten

Kochzeit: 10 Minuten

Portionen: 4

Schwierigkeit: Schwierig

Zutaten:

- 1 Tasse ungekochte Quinoa
- 1 Teelöffel Salz, in zwei Hälften geteilt
- ¾ Tasse Gurke, entkernt, gewürfelt
- 1 Tasse Kirschtomaten, halbiert
- ¼ Tasse rote Zwiebel, gehackt
- 4 frische Basilikumblätter, in dünne Scheiben geschnitten
- Von einer Zitrone schälen
- ¼ Teelöffel schwarzer Pfeffer
- 1 TL Kümmel
- ½ TL Paprika
- 4 (5-oz.) Lachsfilets
- 8 Zitronenspalten
- ¼ Tasse frische Petersilie, gehackt

Richtungen:

Quinoa, 2 Tassen Wasser und ½ Teelöffel Salz in einen mittelgroßen Topf geben. Erhitzen Sie diese, bis das Wasser kocht, und reduzieren Sie dann die Temperatur auf ein Köcheln. Decken Sie die Pfanne ab und kochen Sie sie 20 Minuten lang oder so lange, wie es auf der Quinoa-Verpackung angegeben ist. Schalten Sie den Herd unter dem Quinoa aus und lassen Sie ihn vor dem Servieren mindestens 5 Minuten abgedeckt ruhen.

Kurz vor dem Servieren Zwiebel, Tomaten, Gurke, Basilikumblätter und Zitronenschale zum Quinoa geben und alles mit einem Löffel vorsichtig vermischen. In der Zwischenzeit den Lachs zubereiten (während die Quinoa kocht). Stellen Sie den Ofengrill auf die höchste Stufe und vergewissern Sie sich, dass sich im unteren Teil des Ofens ein Rost befindet. In einer kleinen Schüssel die folgenden Zutaten hinzufügen: schwarzer Pfeffer, ½ Teelöffel Salz, Kreuzkümmel und Paprika. Rühren Sie sie zusammen.

Legen Sie die Folie auf ein Backblech aus Glas oder Aluminium und besprühen Sie sie dann mit Antihaftspray. Legen Sie die Lachsfilets auf die Folie. Reiben Sie die Gewürzmischung über jedes Filet (ca. ½ Teelöffel der Gewürzmischung pro Filet). Fügen Sie die Zitronenschnitze an den Rändern der Pfanne in der Nähe des Lachses hinzu.

Gare den Lachs 8-10 Minuten unter dem Grill. Ihr Ziel ist es, dass der Lachs mit einer Gabel leicht auseinanderfällt. Den Lachs mit der Petersilie bestreuen und dann mit den Zitronenschnitzen und der Gemüsepetersilie servieren. Genießen!

Ernährung (für 100g): 385 Kalorien 12,5 g Fett 32,5 g Kohlenhydrate 35,5 g Protein 679 mg Natrium

Senfdressing mit Äpfeln

Zubereitungszeit: 15 Minuten

Kochzeit: 55 Minuten

Portionen: 2

Schwierigkeit: Schwierig

Zutaten:

- 1 Esslöffel Olivenöl
- 1 kleine Schalotte, fein gehackt
- 2 Damenäpfel, halbiert
- 4 Forellenfilets, je 3 Unzen
- 1 1/2 EL Semmelbrösel, glatt und fein
- 1/2 Teelöffel Thymian, frisch & gehackt
- 1/2 EL Butter, geschmolzen und ungesalzen
- 1/2 Tasse Apfelwein
- 1 Teelöffel hellbrauner Zucker
- 1/2 EL Dijon-Senf
- 1/2 EL Kapern, gewaschen
- Meersalz & schwarzer Pfeffer nach Geschmack

Richtungen:

Heizen Sie den Ofen auf 375 Grad vor und nehmen Sie dann eine kleine Schüssel heraus. Semmelbrösel, Schalotten und Thymian mischen und mit Salz und Pfeffer würzen.

Die Butter hinzugeben und gut verrühren.

Die Äpfel mit der Schnittfläche nach oben in eine Auflaufform legen und mit Zucker bestreuen. Mit Semmelbröseln bestreuen, dann die Hälfte Ihres Apfelweins um die Äpfel gießen und die Schüssel abdecken. Eine halbe Stunde backen.

Aufdecken und weitere zwanzig Minuten backen. Die Äpfel sollten zart sein, aber Ihre Krümel sollten knusprig sein. Nimm die Äpfel aus dem Ofen.

Schalten Sie den Broiler ein und stellen Sie den Rost zehn Zentimeter entfernt auf. Die Forelle abtupfen und anschließend mit Salz und Pfeffer würzen. Streichen Sie Ihr Öl auf ein Stück Backpapier und legen Sie dann Ihre Forelle mit der Hautseite nach oben. Bürsten Sie Ihr restliches Öl über die Haut und braten Sie es sechs Minuten lang. Wiederholen Sie die Äpfel auf dem Regal direkt unter der Forelle. Das verhindert, dass die Krümel anbrennen, und es sollte nur zwei Minuten dauern, bis sie aufgeheizt sind.

Nehmen Sie einen Topf heraus und verquirlen Sie den restlichen Apfelwein, die Kapern und den Senf. Fügen Sie bei Bedarf mehr Apfelwein hinzu, um ihn zu verdünnen, und kochen Sie ihn fünf Minuten lang auf mittlerer Stufe. Es sollte eine soßenähnliche Konsistenz haben. Den Saft über den Fisch gießen und mit einem Apfel auf jedem Teller servieren.

Ernährung (für 100g): 366 Kalorien 13 g Fett 10 g Kohlenhydrate 31 g Protein 559 mg Natrium

www.ingramcontent.com/pod-product-compliance
Lightning Source LLC
Chambersburg PA
CBHW071427080526
44587CB00014B/1760